「資治通鑑」の名言に学ぶ

荒井 桂

致知出版社

「資治通鑑」の名言に学ぶ

読み下し文の定本には『續國譯漢文大成』（國民文庫刊行會）を使用し、漢字および読み仮名は現代仮名遣いに改めました。

はじめに

東洋伝統の「帝範臣軌《ていはんしんき》」の学――帝王学・宰相学は、経・史・子・集の四部の書として集約され集積されてきた。安岡教学は、この東洋の伝統に立脚し、その歴史と古典を活学して、人の上に立つ者（リーダー）に必須な「活きた人物学」「実践的人間学」を構成してきた。

安岡正篤先生は、若き日の名著『王陽明研究』の新序（昭和三十五年）の中で、和・漢・洋の古典遍歴を回顧された文章の末尾に、「特に、歴史的社会的に脊骨ができたやうに思へたのは史記《しき》と資治通鑑《しじつがん》を読破したことであった」と述懐されている。

これによって見れば、その「活きた人物学」「実践的人間学」の根底に、史記と資治通鑑の二大歴史書があったことは明白である。

修己治人の鑑《かがみ》として歴史に学ぶ考え方の強かった東洋では、歴代の王朝によって、前代の王朝の歴史が編纂され、これが「正史」として累積保存されてきた。その劈頭《へきとう》に位置するのが司馬遷の史記《しき》であった。

これに続く漢書《かんじょ》・後漢書《ごかんじょ》に始まり、明史に至る「二十四史」が、いわば公認の「正史」として、その歴史記述の方法までも「紀伝体《きでんたい》」で統一され、整備・集積されて清代に及んでいる。

「紀伝体」という記述方式は、帝王の治績・国家の歴史をまとめた「本紀《ほんぎ》」と偉大な人物・事物・民族等について述べた「列伝《れつでん》」等を分類・整理して叙述する歴史記述の方法で、歴代の正史は皆、この紀伝体によっている。

この紀伝体に対応する歴史記述の方法が、「編年体《へんねんたい》」であり、歴史を時間の経過に沿って年代順に記述して行くのである。この「編年体」の歴史書を代表するのが、宋の司馬光（温公）による『資治通鑑』にほかならない。

因みに正史の入門書として広く読まれてきた『十八史略』も、卓越した史論で知られた『二十二史箚記《さっき》』も、共に「編年体」で記述されている。

安岡教学においては、これらの歴史書の集積を「活きた人物学」「実践的人間学」の素材の宝庫として尊重してきたのである。

『資治通鑑』二百九十四巻は、宋の司馬光の著。戦国時代の初め（周の威烈王二十三年・西暦前四〇三年）から唐末五代の末（後周《こうしゅう》の顕徳六年・西紀九五九年）に至る千三百六十二年間の編年史である。

本書は、司馬光（一〇一九～八六年）が生涯をかけた大著で、一〇六六年、四十八歳で公式に着手し、一〇八四年、六十六歳まで十九年の歳月をかけて完成したものである。この編纂事業で司馬光を助けた人びととして、劉攽《りゅうふん》・劉恕《りゅうじょ》・范祖禹《はんそう》の名が並記されている。

『通鑑』は、『春秋左氏伝』の後を継ごうとするものであった。そこで、周の天子が、晋の大夫の三氏（韓虔・魏斯・趙籍）が、主君の国を三分してしまったのに、この三氏を諸侯の列に加え厚遇した年から始められている。このことは、君臣の礼、大義名分が、実に天子自らによって破られたこと（春秋時代の終焉）を意味しており、そののち天下は、智と力による闘争の世、戦国時代に移行するのである。

また『通鑑』が後周の顕徳六（九五九）年に終わるのは、その翌年が宋の太祖趙匡胤《ちょうきょういん》の統一成った建隆元（九六〇）年となるからであった。これ以後は、いわば同時代史と考えられたからであろう。

『資治通鑑』は、宋の英宗・神宗両帝の勅命で編纂され、その書名は、神宗勅賜の嘉名であった。司馬光によれば、「勅命により歴代の事跡を編集し、冗長を削り、要点を撮《つま》み、専ら国家の盛衰に関わり、人民の喜憂に繫《かか》りますもの、法となすべき善事、戒めとなすべき悪事を取り、編年の一書を作りたいと望んで」いたという。

ところで、東洋史学の伝統として、史書が単なる事実の記述ではなく、史的批判、史家の見識に基づく論評を伴うのを常とした。『通鑑』においては、「臣光曰《い》はく」等で始まる「論賛《ろんさん》」が、これに当たり、処々に挿入されている。しかも、その「論賛」の中に名言・卓論がしばしば見られるのである。

そのため本書においては、「論賛」の中から採った名言・卓論が多くなったのである。そしてこれに加えて、歴代の明君賢臣らの言行の中からもこれを拾っている。

#「資治通鑑」の名言に学ぶ　＊目次

装　幀――フロッグキングスタジオ
編集協力――柏木孝之

「資治通鑑」の名言に学ぶ

（一）礼は分よりも大なるはなく、分は名よりも大なるはなし

周の威烈王《いれつおう》二十三年、初めて晋《しん》の大夫《たいふ》魏斯《ぎし》・趙籍《ちょうせき》・韓虔《かんけん》を命じて諸侯《しょこう》と為す。

周《しゅう》の威烈王《いれつおう》二十三年は、西暦前四〇三年に当たり、この年に周王室の有力諸侯であった晋が三人の大夫（大臣）によって国土を分割して奪われ、魏・趙・韓に分かれたが、周王室は、結局、三諸侯として承認した。

このことは、周王室の権威が失墜したことを意味していたので、この西暦前四〇三年をもって大きな画期と見なし、それ以前を春秋時代、それ以後を戦国時代に区分することになった。『資治通鑑』は、この年から記述されるのである。

本文にあるように、周王室の権威を象徴する「礼・分・名」（後世の「大義名分」）がこの時以来、失われ、「弱肉強食」と譬《たと》えられる実力主義の時代、戦国時代が始まったのである。この魏・趙・韓を含め、秦・楚・燕・斉の七大国「七雄」が、攻伐戦乱を繰り返し、西暦前二二一年、秦によって統一される。

臣光曰《しんこうい》はく、臣聞く、天子《てんし》の職《しょく》は、礼《れい》よりも大なるは莫《な》く、礼は分《ぶん》よりも大なるは莫く、分は名《な》よりも大なるは莫しと。何をか礼と謂《い》ふ。紀綱《きこう》是《こ》れなり。何をか分と謂ふ。君臣《くんしん》是れなり。何をか名と謂ふ。公《こう》・侯《こう》・卿《けい》・大夫是れなり。（中略―礼を以て紀綱とすることによって国家治安となる理由の説明）故《ゆえ》に曰はく、天子の職は、礼よりも大なるは莫しと。（中略―君臣の分、礼の大節の乱す可からざる史実の列挙）故に曰はく、礼は分よりも大なるは莫しと。（中略―礼の大経は名と器に基づく理由と史実の説明）故に曰はく、分は名よりも大なるは莫しと。（中略―周が衰微しても存続し得たのは、その名分が守られたからという史実の説明）

今、晋の大夫、其の君《きみ》を暴蔑《ぼうべつ》し、晋国を剖分《ほうぶん》するや、天子、既に討《とう》ずる能はず、又之を寵秩《ちょうちつ》して、諸侯に列せしむ。是れ区区《くく》の名分《めいぶん》をも、復《ま》た守ること能はずして、并《あわ》せて之を棄《す》つるなり。先王《せんおう》の礼、斯《ここ》に於て尽《つ》きぬ。（中略―周室微弱にして三晋強盛の故、やむを得ずとの議論等）今、天子に請《こ》うて、天子之を許す。是れ天子の命を受けて諸侯と為るなり。（中略）故に三晋《さんしん》の・諸侯に列するは、三晋の・礼を壊《やぶ》るに非ずして、乃ち天子自《みずか》ら之を壊るなり、烏呼《ああ》、君臣の礼、既に壊れぬ。則ち天下、智力《ちりょく》を以て相雄長《あいゆうちょう》とし、遂に聖賢《せいけん》の後《のち》の・諸侯たる者をして、社稷泯絶《しゃしょくびんぜつ》せざる無《な》からしめ、生民《せいみん》の類《るい》、糜滅《びめつ》して幾《ほと》んど尽《つ》く。豈《あ》に哀《かな》しからずや。

〔大意〕

周の*威烈王《いれつおう》は、その二十三年（西暦前四〇三年）に、先に主君の国、晋《しん》の領土を三分して奪った晋の大夫、韓虔・趙籍・魏斯三氏を公然と諸侯の列に加えることを承認した。

*司馬光の*論賛《ろんさん》に言う、私は次のように聞いている。天子の職務は、礼を施行するよりも重要なことはなく、その礼を施行するには、分を守るよりも重要なことはなく、その分を守るには、名を正すことよりも重要なことはないと。

＊ 威烈王
（生年不詳―前四〇二年）
中国、周の第三十二代の王

＊ 司馬光
（一〇一九―一〇八六年）
中国、北宋中期の政治家・学者。神宗のとき、王安石の新法に反対して政界を退き『資治通鑑』の編集に専念

＊ 論賛
中国の史伝の終わりに、著者が加えた論評

ここに言う礼とは何を意味しているのか。それは国家社会の秩序（国家体制と社会秩序）・規範にほかならない。分とは何を意味しているのか。それは君臣の分際にほかならない。名とは何を意味しているのか、それは公・侯・卿・大夫のような己の分際の名を言うのである。

ところが今、晋の大夫の三氏が、主君を侮《あなど》り軽んじて、晋の領土を三分して奪ったのに、天子には既にこれを討伐する力がないばかりでなく、かえってこれを厚遇して諸侯の列に加えたのである。それぞれの小さな名分も守れぬばかりでなく、自らの大義名分まで併せて棄て去ってしまったのである。ああ、まことに、君臣の礼は、ここに破られてしまったのである。かくてその後は、天下は智と力とによる闘争の世（戦国時代）となり、遂に、聖王・賢相の後裔《こうえい》（子孫）たる諸侯ですら、その社稷《＊しゃしょく》を維持することが出来なくなってしまい、そして、人民の生活までも破壊され尽くすという結果となったのである。何と哀しいことではないか。

＊ 社稷
杜は土地の神、稷は穀物の神。
転じて朝廷または国家の意

（二）才、徳の弁　君子、小人の別

『資治通鑑』の中で、最も知られた章句である。ここに展開される、聖人・君子・小人・愚人という人物分類も、賢・才・徳という人物評価も、江戸時代以来、わが国の知識人にとっては、常識として定着していた。幕末、江戸無血開城を導いた勝海舟・西郷南洲にも共通する人物観であった。

因みに勝海舟は、「小人型」、西郷南洲は「君子型」の人物であると評されてきた。共に偉大な人物であったが、人物の型によって分類されたのであろう。

本文の結論部分、国家社会を指導する立場の者にとって、才と徳との区別を明確にして、その両者の優先順序を確認できることが、何よりも重要であるとする指摘は、いわば、不易かつ普通の価値を有するといえよう。

（韓・魏・趙の連合軍が智伯の軍勢を破り智伯を殺し一族を滅ぼす）

臣光曰はく、智伯《ちはく》の亡《ほろ》ぶるや、才《さい》、徳《とく》に勝《か》てばなり。夫《そ》れ才と徳とは異《こと》なれども、世俗《せぞく》、之を能《よ》く弁《べん》ずる莫《な》く、通《つう》じて之を賢《けん》と謂《い》ふ。此《こ》れ其《そ》の人を失ふ所以《ゆえん》なり。夫れ聡察彊毅《そうさつきょうき》なる、之を才と謂ひ、正直中和《せいちょくちゅうわ》なる、之を徳と謂ふ。才は徳の資《し》なり。徳は才の帥《すい》なり。（中略―例示説明）是故《このゆえ》に才徳を全《まった》く尽《つく》せる、之を聖人《せいじん》と謂ふ。才徳兼《か》ねて亡《な》き、之を愚人《ぐじん》と謂ふ。徳、才に勝つ、之を君子《くんし》と謂ふ。才、徳に勝つ、之を小人《しょうじん》と謂ふ。凡《およ》そ人を取るの術《じゅつ》、苟《いやし》くも聖人・君子を得て之に与《くみ》せずんば、其の小人を得るよりは、愚人を得るに若《し》かず。何となれば則ち君子は才を挟《さしはさ》みて以て善を為し、小人は才を挟みて以て悪を為し、才を挟みて以て善を為す者は、善、至《いた》らざる無く、才を挟みて以て悪を為す者は、悪、亦《また》、至らざる無く、愚者は不善を為さんと欲すと雖《いえど》も、智、周《あまね》きこと能《あた》はず、力、勝《た》ふること能はざればなり。（中略―例示説明）夫れ徳は人の厳《はばか》る所にして、才は人の愛する所なり。愛する者は親《した》しみ易《やす》く、厳る者は疎《うと》くなり易し。是《ここ》を以《もっ》て、察《さっ》する者は多く才に蔽《おお》はれて、徳を遺《わす》る。古昔《こせき》より以来、国の乱臣《らんしん》・家の敗子《はいし》は、才、余《あま》り有《あ》れども徳足らず、以て顚覆《てんぷく》に至る者多し。豈《あ》に特《ひと》り智伯のみならんや。故に国を為《おさ》め家を為《おさ》むる者、苟《いやし》くも能く才徳の分《ぶん》を審《つまびら》かにして、先後《せんこう》する所を知らば、又、何ぞ人を失《うしな》ふを患《うれ》ふるに足《た》らんや。

〔大意〕

韓の康子・魏の桓子・趙の襄子の連合軍が、最有力だった智伯（智襄子）の軍勢を破り、智伯を殺し智氏一族を亡ぼした。

司馬光の論賛に言う。智伯が亡びたのは、その才が徳にまさっていたからである。そもそも、才と徳とは異《こと》なっていて弁別されるべきものであるが、世俗では、この両者を弁別することができずに、一括して賢と言っているが、それが、人物を見損なう理由（原因）なのである。

いったい、聡明で意志の強いことを才といい、*正直《せいちょく》で中庸を得ていることを徳と言っているのである。才は、徳の資材であり、

＊ 正直
心がまっすぐで言動に偽りのないこと

徳は才を統帥《とうすい》するものと言える。（中略――具体例を示して説明）このため、才・徳ともに完全に備えている者を聖人といい、才と徳とどちらも欠けている者を愚人といい、徳か才にまさっている者を君子といい、才が徳にまさっている者を小人と言うのである。だいたい、人を任用する方法は、もし仮に聖人・君子を得て任用できない場合には、小人を用いるより、むしろ愚人を用いる方がよいといえる。なぜかといえば、君子はその才を用いて善を行おうとし、小人はその才を用いて悪を行おうとする。才を用いて善を行おうとする場合には、行うすべてが善となり、逆に才を用いて悪を行おうとする場合には、行おうとするすべてが悪となってしまう。

他方、愚人は、たとえ不善をしようとしても、それだけの知恵もまわらず、力もまた不十分だからである。（中略――同前）

そもそも徳は、敬遠されがちなものであり、才は人に愛されるものである。そして愛するものは親しみ易く、敬遠されがちのものは、疎遠になり易い。そのため人物を考察する場合、たいてい才ばかり見てしまって、徳の方を見落としてしまうのである。昔から国を乱す臣や家を亡ぼした子は、才は有りあまるほど有るのに徳が不足して国や家を亡ぼしてしまう場合が多く、これはひとり智伯だけではないのである。

だから国を治め家を治める者が、少なくともこの才と徳との区別を明確にして、その両者の優先順序を確認できれば、どうして人事・任用の失敗を心配する必要があろうか、決してその心配などありはしない。

（三）信は、人君の大宝なり

『論語』顔淵篇に子貢《しこう》が政治の要諦について問う条《くだり》が在る。孔子の答えは、食糧の充足に依る生活の安定、軍備の充実による国家の安寧、人民は導き教えて信義あらしめる、この三つが政治の要道であると教えた。

子貢が更に尋ねて、もしどうしてもやむを得ず、この三つの中どれか一つを捨て去らなければならないとすれば、何を初めに捨て去ったらよいかと質問した。孔子は、軍備を捨てようと答えた。更に子貢が、残りの二つの中、どちらかを捨て去らねばならぬとすれば、何れを先に捨てたらよいかとの質問に対して、孔子は、食を捨てようと答えた。そして更に語を続けて、なるほど食を捨て去れば、民は餓死することにもなろうが、しかし死ということは古来すべての民の免れぬところである。死の大事であるのにもまして、もし民に信義がなくなれば、一瞬一刻も身を立てておることが出来ぬであろうと、教えた。「民、信無ければ立たず」。政治の要諦として、民をして信ならしめることを強調したのである。有限な人生において、最後の人間の条件となるもの、それは信義ないし信頼であるという教えである。「信は、人君の大宝なり」という名言を深く裏付ける孔子の教えと読み取ることができよう。

（秦の富国強兵の為、商鞅《しょうおう》が信賞必罰を以て変法に成功した）

臣光曰はく、夫《そ》れ信《しん》は、人君《じんくん》の大宝《たいほう》なり。国《くに》は民《たみ》に保《たも》たれ、民は信に保たる。信に非《あら》ざれば以《もっ》て民を使《つか》ふ無く、民に非ざれば以て国を守《まも》る無し。是故《このゆえ》に、古《いにしえ》の王者《おうしゃ》は、四海《かい》を欺《あざむ》かず、覇者《はしゃ》は四鄰《りん》を欺かず、善《よ》く国を為《おさ》むる者は、其の民を欺かず、善く家を為むる者は、其の親《しん》を欺かず。善からざる者は之《これ》に反《はん》し、其の鄰国《りんごく》を欺き、其の百姓《せい》を欺き、甚《はなは》だしき者は、其の兄弟《けいてい》を欺き、其の父子《ふし》を欺き、上《かみ》は下《しも》を信ぜず、下は上を信ぜず、上下《しょうか》、心を離《はな》し、以て敗《やぶ》るるに至《いた》り、利《り》する所は其の傷《きずつ》くる所を薬《いや》すこと能はず、獲《う》る所は其の亡《うしな》ふ所を補《おぎな》ふ能はず。豈《あ》に哀《かな》しからずや。（中略―史実例示）此の四君は、道《みち》、粋白《すいはく》に非ず、而《しか》して商君《しょうくん》は尤《もっと》も刻薄《こくはく》と称《しょう》せられ、又《また》、戦《せん》攻《こう》の世《よ》に処《お》り、天下《てんか》、詐力《さりょく》に趨《おもむ》くすら、猶《な》ほ且《か》つ敢《あえ》て信《しん》を忘《わす》れずして、以て其の民を畜《やしな》ふ。況《いわ》んや四海治平《かいちへい》の政《まつりごと》を為《な》す者をや。

〔大意〕

秦の富国強兵のために、*商鞅《しょうおう》が変法*を推進する際、信賞必罰*を徹底して、成功した。

司馬光の論賛に言う。そもそも、信こそは、人君たる者の大宝にほかならない。

国は人民よって支えられ、民は信によって保持される。信が失われては、人民を使うことはできないし、人民なくしては、国を守ることもできない。そのゆえに古《いにしえ》の王者は、天下を欺くことはしなかったし、覇者もまた、周囲の国を欺くことはしなかった。見事に国を統治した者は、その人民を欺かず、善く家を斉《ととの》えた者は、その親族を欺かなかった。不善者はこの反対で、その隣国を欺き、その臣民を皆欺き、甚だしい者に至っては、その兄弟、父子を欺き、上の者は下の者を信ぜず、下の者もまた上の者を信ぜず、上下共に不信で心が離反して失敗滅亡の道をたどることになってしまう。その結果、利益があったとしても、損傷した所を

＊　商鞅

（生年不詳―前三三八年）中国、戦国時代秦の政治家

＊　変法

国政の大改革

＊　信賞必罰

法を守る者は、必ず賞し法を犯す者は必ず罰すること

医《い》やすことはできず、獲得するものがあったとしても、喪失したものを補填することができなかったのであった。何と哀しいことであろうか。（中略—四諸侯が信を守った史実）右の例示の四君主は、みな必ずしも純粋潔白ではなく、ましてや商鞅は最も酷薄*と見なされていながら、戦国時代で世の中皆、権謀術数*に走る中ですら、それでもなおかつ、信を忘れることなく、その人民を養育したのである。況《ま》してや、天下太平の政事を行う為政者にとっては、信は至宝である。

---

* 酷薄
むごく思いやりがないこと
* 権謀術数
人をあざむくはかりごと

（四）策を立て勝を決するの術、基の要三、形・勢・情

ここで、後漢末の史家、荀悦《じゅんえつ》の論賛が初めて出てくる。荀悦は後漢最後の献帝の高官であり、名著『漢紀』を著述した史家としても知られた人物である。荀悦によれば、政策、戦術に当たっては、三つの要諦があるという。

その一つが形。当面する課題の全体像と長所と短所の計略、つまり巨視的な戦略・政略である。その二つが勢《いきおい》。臨機応変の流動的な対応が求められるダイナミズム。いわば、戦術であろうか。その第三が情。当事者全体の心情・意欲等の詳細な実態、いわば微視的考察を要する情況といえよう。

そして結論として、権（臨機応変の応用動作）は、あらかじめ設定しておくことはできないし、変（異常事態、変動）は先立って予想し備えることはできないから、時勢に伴って移り変わり、事態に即応して変化していく柔軟な姿勢こそが、策略を立て勝利を決する枢機であるとするのである。

極めて説得力のある結論といえるであろう。

（酈食其《れいいき》の六国を復興させようとする献策を聞いて、張良《ちょうりょう》がこれに反論して漢王を諫《いさ》め、漢王が考えを改めた）

荀悦論《じゅんえつろん》じて曰《い》はく、夫《そ》れ策《さく》を立《た》て勝《かち》を決《けっ》するの術《じゅつ》、其《そ》の要《よう》三《み》つ有《あ》り。一に曰《い》はく形《かたち》、二に曰はく勢《いきおい》、三に曰はく情《じょう》。形とは其の大体《だいたい》の得失《とくしつ》の数《すう》を言ふなり。勢とは其の臨時《りんじ》の宜《ぎ》・進退《しんたい》の機《き》を言ふなり。情とは其の心志《しんし》の可否《かひ》の実《じつ》を言ふなり。故に策同《おな》じく事等しくして而《しか》も功殊《こうこと》なる者《もの》は、三術《さんじゅつ》同じからざればなり。（中略―史実の例示）此れ事を同じくして形を異《こと》にする者なり。（中略―史実の例示）此れ事を同じくして勢を異にする者なり。（中略―史実の例示）此れ事を同じくして情を異にする者なり。故《ゆえ》に曰はく、権《けん》は予《あらかじ》め設く可からず、変《へん》は先ず図《はか》る可からず、時と与《とも》に遷移《せんい》し、物に応《おう》じて変化《へんか》するは、策を設くるの機なりと。

〔大意〕

漢王劉邦*が、楚の項羽*の力を弱める計略として、戦国時代の六国を復興させようとする酈食其《れいいき》の策を聞いて、これを謀臣張良《ぼうしんちょうりょう》に示したところ、張良は、八項目の理由を挙げてこの策に反論し、漢王は張良の諫言*に従って考えを改めた。

荀悦*の論賛に言う。だいたい策略を立て勝利を決する方法には、要諦が三つある。一に形、二に勢、三に情の三つである。

形とは、全体の形勢とそれぞれの長所と短所の術数*をいう。

勢とは、時宜を得て進退を決する機会をいう。

情とは、全軍の志気が良いか悪いかという軍の実態をいう。

このため、策略が同じで事態が等しくても、その効果が異なるのは、この三つの要諦が同じではないからである。（中略―史実の例示）これが事柄は同じでも形を異にするものである。（中略―史実の例示）これが事柄は同じでも勢が異なるということである。（中略―史実の例示）これが事柄は同じでも情を異にするというものである。

＊ **劉邦**
（前二四七―前一九五年）中国、前漢初代皇帝（在位 前二〇二―前一九五年）。廟号は高祖

＊ **項羽**
（前二三二―前二〇二年）秦末の武将。名は籍。楚の人。叔父項梁と挙兵し、劉邦とともに秦を滅ぼし楚王となったが、劉邦に敗れ、烏江で自殺した

＊ **諫言**
いましめの忠言

＊ **荀悦**
後漢末の人。後漢最後の献帝の時の秘書監・侍中。『漢紀』三十篇を著す

＊ **術数**
計りごと

　そのため、次のような結論に導かれる。臨機応変の応用動作は、あらかじめ設定しておくことはできないし、異常事態、変動に先立って予想し備えることはできない。時勢に伴って移り変わり、事態に即応して変化していくのが、策略を立て勝利を決する枢機にほかならない。

（五）進取と守成とは、その勢同じからず

項羽と劉邦とが、天下の覇権を争って死闘を繰り返していた折の一場面、両軍激突の白兵戦で劉邦が危急に陥った。敵将の丁公《ていこう》に追いつめられた際の劉邦のせりふが、すごい。さすが英雄の弁である。おそらく丁公は、感じる所があったのであろう。そこで兵を引いて帰還していったのである。丁公は、ここで劉邦を見逃してくれたのである。いわば、劉邦の命の恩人とも言える。

やがて劉邦は宿敵項羽を破り、天下の覇権を取って、漢帝国を確立、帝となって高祖と呼ばれることになった。その時、丁公が劉邦に拝謁した。あの白兵戦の際の「武士の情」とも言うべき自分の対応に、今や帝王となった劉邦が報いてくれることを期待していたのではあるまいか。これに対する高祖劉邦の対応がすさまじい。曰く、「丁公は項王の臣として不忠であり、あの際に劉邦を打ち取っていれば、項王が天下を取っていたろうに、丁公は自分を見逃してしまった。そのため項王は天下を取ることはできなかった。そうさせたのは、あの白兵戦の際の丁公の対応にほかならない。丁公は、項王の臣として不忠の臣であった」。漢帝国では、丁公の真似をする不忠の臣は許されない。天下の戒め、後の見せしめとして、命の恩人とも言うべき丁公を斬罪に処してしまったのである。

楚・漢抗争の戦乱の状況と争権戦を勝ち抜いて漢帝国が確立、これを守り維持することが課題であった状況とでは、全く形勢が異なる。勝ち抜くためには手段を選ばなかった状況と確立した帝国の秩序を維持しようとする状況とでは、臣下の在り方も全く異なって評価される。これがいわば「時勢」に適しているかどうか、時宜を得ていることが求められるとも言えるであろう。

司馬光の論賛では、高祖劉邦の状況判断と決断を称賛してやまない。この判断と決断の結果、前・後漢四百年の守成が可能となったという評価である。

項羽《こうう》の将丁公《ていこう》、劉邦を彭城《ほうじょう》の西に逐《お》ひ窘《くるし》む。短兵・接し、帝・急なり。顧みて丁公に謂つて曰はく、『両賢《りょうけん》豈《あ》に相戹《やく》せんや』と。丁公、兵を引きて還《かえ》る。項《こう》王滅ぶるに及びて、丁公謁見す。帝、丁公を以て軍中に徇《とな》へて曰はく、『丁公は、項王の臣と為りて不忠、項王をして天下を失はしめし者なり』と。遂に之を斬りて曰はく、『後の人臣たるものをして丁公に傚《なら》ふこと無からしめん』と。

臣光曰はく、高祖、豊沛《ほうはい》より起りて以来、豪桀を罔羅《もうら》し、亡《に》げたるを招き、叛けるを納《い》るること、亦已《すで》に多し。帝位に即《つ》くに及びて、丁公独り不忠を以て戮《りく》を受く。何ぞや。夫れ進取《しんしゅ》と守成《しゅせい》とは、其の勢《いきおい》同じからず。群雄角逐《ぐんゆうかくちく》するの際・民に定主無きに当《あた》りては、来《きた》る者をば之を受く。固《もと》より其の宜《よろ》しきなり。貴きこと天子と為り・四海の内・臣たらざる無きに及びては、苟《いやし》くも礼義《れいぎ》を明かにして以て之に示さず、臣たる者をして人ごとに弐心《にしん》を懐《いだ》きて以て大利を徼《もと》めしめば、則ち国家其れ能く久安《きゅうあん》ならんや。是故《このゆえ》に、断《だん》ずるに大義を以てし、天下をして暁然《ぎょうぜん》として、皆、臣と為りて不忠なる者は・自ら容るる所無く、而して私《し》を懐き恩を結ぶ者は・己を活かすに至ると雖も・猶《な》ほ義を以て与《くみ》せざるを知らしむ。一人《にん》を戮《りく》して、千万人懼《おそ》る。其の・事を慮《おもんぱか》ること、豈《あ》に深く且《か》つ遠からずや、子孫、天禄《てんろく》を享有《きょうゆう》すること、四百余年なるは、宜《うべ》なり。

〔大意〕

楚王項羽と漢王劉邦とが、天下の覇権を争って死闘を繰り返していた時、項羽の将の丁公が劉邦を彭城《ほうじょう》の西に追いつめ、両軍の白兵戦となって劉邦が危急に陥った。その時、劉邦は丁公を返り見て、「両雄が、どうして苦しめ合わねばならないのか」と言うと、丁公は兵を引いて帰還していった。楚王項羽が滅亡したのち、丁公が、帝となった劉邦に拝謁《はいえつ》すると、帝は丁公を軍中にさらし、「丁公は項王の臣として不忠であり、項王をして天下を失わしめた者である」と言い、遂に丁公を斬って、「後世の人臣たる者に丁公の真似をする者のないようにしたい」と言い足した。

司馬光の論賛に言う。漢の高祖（劉邦）は、豊《ほう》・沛《はい》（今の江蘇省）の地から起こって以来、広く豪傑の士を集め、逃亡した者や謀叛《むほん》した者を受け入れることも多かった。皇帝に即位した後、丁公だけが不忠の罪で処刑されたのは、なぜであろうか。

そもそも、進取と守成とは、その形勢を異にするものである。群雄が相争っている際には、人民に定まった主君はなく、やって来る者は皆受け入れることは、固《もと》より正しいことである。

しかし、貴い天子の位に即《つ》いて、天下の人びとがすべて皆、臣下でない者はないという状況に及んでからは、かりそめにも礼節と正義とを明らかにして天下に示し、臣下の者にそれぞれ、二心を抱いて大利を得ようとすることのないようにさせなければ、国家を長く安定させることがどうしてできるであろうか。このため、大義を以て処断し、天下の人びとに、すべて臣下として不忠な者は容赦されることなく、また私心を抱いて恩を売って結託する者は、たとえ命をかける場合でも、義のために助けないことを明示したのである。

丁公ひとりを処刑して千万の人びとが畏怖したのである。そのような高祖劉邦の配慮の何と深くかつ遠かったことであろうか。その子孫の漢帝国の存続（天禄*を享有したこと）が四百年余にも及んだのも、もっともなことである。

＊ 天禄
天から授かる幸福

（六）張良ひとり「明哲にして身を保つ」

張良（字《あざな》は子房）は、漢の高祖劉邦の創業の功臣で「三傑」の一人、高祖が挙兵するや、その軍師として項羽を亡して天下を平定した。その功により留侯に封ぜられた。晩年、黄老神仙を学び、世間を捨て功名栄達を度外視して身を全うした。若き日に、代々、宰相として仕えた韓が秦の始皇帝に亡ぼされたのに報復しようとして、始皇帝を狙撃したが、失敗して亡命中、ある老人から、太公望の兵法を伝授されたという。

「明哲にして身を保つ」

『詩経』「大雅」の烝民という詩の中で、仲山甫（周の天子を補佐した名臣）の徳望を称えた言葉。「既に明にして且つ哲なれば、以て其の身を保たん」（仲山甫は、賢明にして知恵が優れており、それ故その身を安泰に全うし得たのだ）。道理に明らかで世情にさとく、身の安全を保つ見事な出処進退を意味する成語「明哲保身」の出典。

張良、素《もと》より病多し。上《じょう》に従って関《かん》に入《い》るや、即ち道引《どういん》して・穀《こく》を食《くら》はず、門を杜《と》ぢて・出でず、曰はく、『家世々《よよ》韓《かん》に相《しょう》たり。韓滅ぶるに及びて、万金の資を愛《おし》まず、韓の為めに讐《あだ》を彊秦《きょうしん》に報《むく》いんとし、天下振動《しんどう》せり。今、三寸の舌を以て、帝者《ていしゃ》の師と為り、万戸侯《ばんここう》に封《ほう》ぜらる。此れ布衣《ふい》の極《きょく》なり。良に於《お》いて足《た》れり。願はくは、人間《じんかん》の事を棄てて、赤松《せきしょう》子《し》に従って游《あそ》ばんと欲するのみ』と。

　臣光曰はく、夫《そ》れ生の・死有るは、譬《たと》へば猶《な》ほ夜旦《やたん》の必ず然《しか》るがごとく、古《いにしえ》より今に及ぶまで、固《もと》より未だ超然《ちょうぜん》として独《ひと》り存する者有らざるなり。以《おも》ふに子房《しぼう》の明弁《めいべん》にして理に達する、以て神僊《しんせん》の・虚詭《きょき》たるを知るに足る。然れば其の赤《せき》松子《しょうし》に従って游ばんと欲するは、其の智、知る可きなり。夫れ功名の際《さい》は、人臣の処し難き所なり。高帝の称《しょう》する所の如き者は、三傑《けつ》のみ。淮陰《わいいん》（韓信）は誅夷《ちゅうい》せられ、蕭何《しょうか》は獄に繋《つな》がる。盛満《せいまん》を履《ふ》みて止《や》まざるを以てに非ずや。故に子房は神僊《しんせん》に託《たく》し、人間《じんかん》を遺棄《いき》し、功名を外物《がいぶつ》に等しくし、栄利《えいり》を置きて・顧みず。謂はゆる『明哲《めいてつ》にして身を保つ』者は、子房有り。

〔大意〕

張良はもともと病身であった。高祖劉邦の臣下として天下平定後、関中に入ると、道引という道家の養生法を行って食物を食べず、門を閉じて外との交わりを断ち、言った。「自分の家は、代々、韓（六国の一つ）の宰相*であった。韓が秦に亡ぼされると、万金の財貨を惜しまず、韓の復讐を企て、秦の天下を揺り動かした。今や、三寸の舌*を用いて高祖皇帝の師となり、万戸を領する侯に封ぜられた。これは、人民として最高の事であり、自分は満足している。願わくば、世俗の事を捨て去って、太古の仙人赤松子*に従って、仙人の道を学びたいものだ」と。

司馬光の論賛に言う。そもそも生に死が有るのは、たとえばちょうど夜に朝が有るようなものである。古来、両者のうち一つだけが超然として有るということは、決してなかったのである。子房*の聡明さをもってすれば、神仙の世界など虚偽であることは、よくわかっていた。とすれば、彼が赤松子に従って学びたいと言ったことからして、彼の聡明さを察知することができる。だい

＊宰相　天子を補佐して政治を行った官

＊　三寸の舌　弁説

＊　赤松子　中国、上古の仙人の名。神農の時の雨師で、崑崙山に入って仙人となったという

＊　子房　張良の字

たい功成り名遂げた場合には、人臣たる者の処し方は難しいものである。高祖帝が称賛した者は、三傑*のみであったが、その中の韓信*は誅殺され、蕭何《しょうか》は獄につながれた。これは更に満ち足りることを求めてやまなかったからではなかろうか。それゆえ子房は、神仙にことよせて世間を捨て功名を度外視し、栄達利得も顧みなかったのである。詩経に言う「明哲にして身を保つ」者は、子房こそその人にほかならない。

＊ 三傑
三人のすぐれた人物。
＊ 韓信
（生年不詳―前一九六年）中国、前漢初の武将。蕭何・張良とともに漢の三傑の一人。項羽に従ったが用いられず、劉邦に従い華北を平定。漢の統一後、斉王から楚王に遷され、のち反逆の疑いで捕らわれ殺された

（七）王者は、仁義を以て麗と為し、道徳を以て威と為す

『孟子』公孫丑上篇に、王者と覇者を対比した条《くだり》が見える。「力を以て仁を仮る者は覇なり。徳を以て仁を行う者は王たり」（兵力権力などで天下を取り、表面だけ仁者をよそおうのは、実は、王道の仁をかりものにしているもので、覇道を行う覇者のやり方である。徳をもって仁政を行う者、すなわち王道を行う人が真の王者だ）。

この項の議論は、右の王道の理想論に立って進められている。（五）の項で漢の高祖劉邦の状況判断と決断を称賛した司馬光は、この項では一転して、王道の理想論を展開している。時と場合に依り是々非々、実に柔軟な論賛である。

蕭何《しょうか》は、前の項の張良や韓信と共に、漢帝国草創の三傑に数えられている。高祖劉邦の旗揚げ以来これに従い、劉邦が秦を亡ぼした時秦の宮廷の律令図書を収めて所蔵、これが漢帝国の行政に役立った。その他、韓信を推薦して将軍としたり、劉邦が転戦している間、関中を留守して、劉邦軍の補給に努め、後方支援を為し遂げた。天下平定の後、功第一として酇侯《さんこう》に封ぜられた。蕭何は、行財政を、韓信は軍兵政を、張良は、政略戦略の参謀として、漢帝国草創の「三傑」と称された。劉邦は優れた補佐役を使いこなしたのである。

春二月、上《じょう》、長安に至る。蕭何《しょうか》、未央宮《びおうきゅう》を治《おさ》む。上、其の壮麗なるを見、甚だ怒り、何《か》に謂って曰はく、『天下匈《きょう》匈《きょう》として、労苦すること数歳、成敗《せいばい》未だ知る可からず。是れ何ぞ宮室を治むること度《ど》に過ぎたるや。』何曰はく、『天下方《まさ》に未だ定まらず、故に因って以て宮室を就《な》す可《べ》し。且《か》つ夫れ天子は四海《かい》を以て家と為す。壮麗なるに非ずんば、以て威《い》を重くする無からん。且つ後世をして以て加ふる有らしむる無からん』と。上説《じょうよろこ》ぶ。

臣光曰はく、王者は、仁義を以て麗と為し、道徳を以て威と為す。未だ其の宮室を以て天下を塡服《ちんぷく》するを聞かざるなり。天下未だ定まらざるや、当《まさ》に己《おのれ》に克《か》ち用を節し、以て民の急に趨《おもむ》くべし。而《しか》るに顧《かえ》って宮室を以て先と為す。豈に之を・務むる所を知ると謂ふ可けんや。昔、禹《う》は宮室を卑《いや》しくし、而《しか》して桀《けつ》は傾宮《けいきゅう》を為《つく》る。業《ぎょう》を創《はじ》め統《とう》を垂《た》るるの君、躬《みずか》ら節倹を行ひ、以て子孫に示せども、其の末流《まつりゅう》は猶《な》ほ淫靡《いんび》に入る。

況《いわ》んや之《これ》に示すに侈《し》を以てするをや。乃ち云ふ、『後世をして以て加ふる有らしむる無からん』と。豈《あ》に謬《あやま》らずや。孝武に至りて、卒《つい》に宮室を以て、天下を罷《ひ》敝《へい》す。未だ必ずしも鄼《さん》侯《こう》之を啓《ひら》くに由《よ》らずんばあらざるなり。

〔大意〕

春二月、天子は長安に到着した。蕭何《しょうか》が未央宮《*びおうきゅう》の建築を担当していたが、天子は、その壮麗なのを見て非常に怒り、蕭何に対して「天下は騒がしく乱れ、君臣共に何年にもわたって労苦して、成敗もまだわからないのに、どうしてまた宮殿を建てるのに度を過ぎたことをするのか」と言った。

蕭何は、「天下が、いまだに不安定であるからこそ、宮殿を立派にせねばなりません。且つ天子は天下を家とするのですから、壮麗にしなくては威厳を重くすることができません。更にまた、後世これに付け加えることをさせてはなりません」と言った。天

＊ 未央宮
漢の高祖劉邦が長安の竜首山に造営した宮殿

子はそれを聞いて喜んだ。

司馬光の論賛に言う。王者は仁義を以て美麗とし、道徳を以て威厳とするものである。いまだかつて宮殿によって天下を鎮定したことを聞いたことがない。天下が未だに不安定であれば、その時こそ己の欲を抑え用を節して、人民の急務に尽力すべきである。しかるに反対に宮殿を優先するのでは、どうして本務を知っていると言えようか。昔、夏《か》王朝を創始した*禹《う》王は、宮殿を質素にしたが、この王朝を亡ぼした桀《けつ》は珠玉の宮殿を造った。創業の君主は、節用倹約を行って子孫に手本を示したが、その末流になると、やはり、贅沢を極めることに陥った。況《ま》してや*奢侈《しゃし》を示したのでは、なおさらのことである。ところが「後世、付け加えることがないように」などと言う。なんと誤りではないか。武帝の時代、遂に宮殿のために天下を疲弊させることになるが、蕭何によってその基が作られなかったとは言えないのである。

＊禹
中国古代、夏王朝の始祖とされる伝説上の帝王。姓は姒、名を文命ともいう。父鯀の業を継いで治水に成功。舜から帝位を譲られた

＊奢侈
度を過ぎてぜいたくなこと。身分不相応に金を費やすこと

（八）世に三遊有り、一、遊侠　二、遊説　三、遊行

荀悦《じゅんえつ》は、後漢末の人。後漢最後の献帝の時、禁中に侍講した。官は、秘書監・侍中、著書に『申鑒《しんかん》』五篇、『漢紀』三十篇がある。『漢紀』は、班固《はんこ》の『漢書』を要約した編年体の史書で、自己の史論もまじえ、簡にして要を得た名著として後世重んじられた。

歴史の大きな動きを端的に表す言葉は、「治乱興亡」であろうが、荀悦が説くように遊侠も遊説も、乱・亡の時代に現れ活躍している。遊侠は、国家社会秩序が衰亡した時代に、これを補完するように活躍した。司馬遷の『史記』には、遊侠列伝があり、戦国時代に活躍した遊侠の人物を記録している。

遊説も、同様で、その代表としては、戦国の七雄と呼ばれた七国が、抗争した時代、最強国となった秦と同盟して国の保全をはかることを、六国に遊説した張儀《ちょうぎ》と、六国が連合して、秦に対抗すべしと説いた蘇秦《そしん》の両名を挙げることができる。蘇秦は、合従《がっしょう》政策を、張儀は、連衡《れんこう》政策を、それぞれ遊説したのである。

古《いにしえ》の・法を正すや、五伯《は》は三王の罪人《ざいにん》なり。而《しか》して六国《りっこく》は五伯《は》の罪人なり。夫れ四豪《ごう》は、又六国の罪人なり。況《いわ》んや郭解《かくかい》の倫《たぐい》に於《お》ては、匹夫《ひっぷ》の細《さい》を以て、殺生《さっしょう》の権を竊《ぬす》む、其の罪已《すで》に誅《ちゅう》に容《い》れず。其の温良にして泛《ひろ》く愛し・窮《きゅう》を振《すく》ひ急《きゅう》を周《すく》ひ・謙退して伐《ほこ》らざるを観《み》るに、亦、皆、絶異《ぜつい》の姿《し》有り。惜しいかな、道徳に入らずして、苟くも末流に放縦《ほうじゅう》するや。身を殺し宗を亡ぼせるは、不幸に非ざるなり。

荀悦《じゅんえつ》・論じて曰《い》はく、世《よ》に三遊《ゆう》有り、徳の賊《ぞく》なり。一に曰はく遊俠《ゆうきょう》、二に曰はく遊説《ゆうぜい》、三に曰はく遊行《ゆうこう》。気勢《きせい》を立て、威福《いふく》を作《な》し、私交を結び、以て強を世に立つる者、之《これ》を遊俠と謂ふ。弁辞《べんじ》を飾《かざ》り、詐謀《さぼう》を設け、天下に馳逐《ちちく》し、以て時勢《じせい》を要《もと》むる者、之を遊説と謂ふ。色《いろ》は仁《じん》を取り、以て時好に合ひ、党類《とうるい》を連《つら》ね、虚誉《きょよ》を立て、以て権利を為す者、之を遊行と謂ふ。此の三つの者は、乱の由って生《しょう》ずる所《ところ》なり。道を傷《そこな》ひ徳《とく》を害《そこな》ひ、法を敗《やぶ》り世を惑《まど》はす。先王の慎《つつし》む所なり。国に四民有り。各々《おのおの》其の業《ぎょう》を修《おさ》む。四民の業に由らざる者、之を奸民《かんみん》と謂ふ。奸民、生ぜざれば、王道乃《おうどうすなわ》ち成る。凡そ此の三遊の作《おこ》るは、季世《きせい》に生ず。周《しゅう》・秦《しん》の末《すえ》、尤《もっと》も甚《はなは》だし。上《かみ》、明《あきら》かならず、下《しも》、正しからず、制度立たず、綱紀弛廃《こうきしはい》し、毀《き》誉《よ》を以て栄辱《えいじょく》を為し、其の真を核《きわ》めず、愛憎を以て利害を為し、其の実を論ぜず、喜怒を以て賞罰を為し、其の理を察せず、上下相冒《しょうかあいおか》し、万事乖錯《かいさく》す。（以下略）

〔大意〕

古《いにしえ》の法を正すためには、＊春秋の五覇は、＊古代の聖王の罪人である。そして戦国時代の六国は、春秋時代の五覇の罪人である。あの＊四豪はまた六国の罪人である。ましてや郭解などの類《たぐい》に到っては、一庶民の分際を顧みず、殺生の権を盗み取り、その罪は誅されてもすむものではない。けれども、その温良で衆を愛し、窮した者を救い危急を助け、しかも謙虚で功を誇らぬ美点を見れば、

＊ 春秋の五覇
斉の桓公、晋の文公等五人の覇者

＊ 古代の聖王
夏の禹王、殷の湯王、周の文王

＊ 四豪
信陵君、平原君、孟嘗君、春申君

やはり凡庸の及びもつかぬ姿が有る。惜しいことに、彼らが道徳に志さず、かりそめにも末世の流れに溺れて、身を殺し一族を亡ぼすことになってしまった。これは不幸にしてそうなったのではなく、いわば当然のことと言わねばなるまい。

荀悦の論賛に言う（荀悦著『漢紀』の武帝紀）。世の中に三遊と呼ばれるものがあり、徳を損なうものである。その第一は遊俠、第二は遊説、第三は遊行の三つである。気勢を上げ、威圧と恩恵とをあたえ、私交を結び、己の強さを世の中に表す者を遊俠という。弁舌と文辞*が巧みで、権謀術数をめぐらし、天下に奔走して、時勢に便乗する者を遊説という。外面《そとづら》は仁者らしく振る舞って時代の好みに合わせ、仲間たちと徒党を組んで虚栄を張り、己が力を利としようとする者を遊行という。この三者は世の乱れを生ずる原因となるものである。道を損ない徳をやぶり、法をやぶり世を惑わすものであり、古の聖王が戒め慎んだところであった。

国には士農工商の四民があって、それぞれの職業に就くが、この職業に由らない者を姦民という。この姦民が生じなければ、王

＊ 文辞
文章のことば。文詞

道が成就するものである。だいたいこの三遊が現れるのは、末世の現象であるが、周代・秦代の末世が最も甚だしかった。君主は不明で人民は不正、制度は確立せず、社会秩序は乱れ、世の中の評判で栄辱をきめて事の真実を確認せず、愛憎によって利害をきめて事の実態を議論することなく、主観的喜怒によって賞罰をきめて事の道理を考察せず、上下が互いに傷つけ合って万事が道理に反し過っていたのである。(以下略)

（九）秦の始皇帝と漢の武帝との差違

　周王朝が衰退した後半の時代が、春秋・戦国時代である。春秋時代は、まだ周王室の名目的権威が存続したが、戦国時代になると、実力万能の、いわゆる弱肉強食の時代となった。その戦国時代を勝ち抜いて全国を統一し中央集権的専制君主制を確立したのが秦帝国であり始皇帝であった。しかしこの秦帝国はわずか三代、十五年間の短命に終わった。その秦末の抗争を勝ち抜いて、再び全国を統一し、中央集権的専制君主制を確立したのが、漢の高祖劉邦《りゅうほう》であった。秦帝国に比して漢帝国は、長命で、前半二百十年、これを前漢と言う。途中、王莽《おうもう》による中断があったが、やがて光武帝による漢帝国の復興があり、これ以降、後半が後漢と呼ばれる。前後漢を合わせて四百年に及ぶ大帝国であった。その前漢帝国最盛期の専制君主が第五代の武帝にほかならない。

　この項の論賛は、この秦の始皇帝と漢の武帝とを対比し、両者の共通点と差異とを論じている。

丁卯《ていぼう》、帝《てい》、五柞宮《さくきゅう》に崩《ほう》ず。（例示中略）帝、聡明《そうめい》にして能《よ》く断《だん》じ、善《よ》く人を用《もち》ひ、法《ほう》を行ふに、仮貸《かたい》する所無し。（例示文略）

臣光曰はく、孝武《こうぶ》、奢《おごり》を窮《きわ》め欲を極《きわ》め、刑《けい》を繁《しげ》くし斂《れん》を重くし、内《うち》は宮室《かんしつ》に侈《おご》り、外《そと》は四夷《い》を事《こと》とし、神怪《しんかい》に信惑《しんわく》し、巡遊《じゅんゆう》すること度《ど》無《な》く、百姓《せい》をして疲敝《ひへい》し、起《おこ》りて盗賊《とうぞく》を為《な》さしむ。其の秦《しん》の始皇《しこう》に異《こと》なる所以《ゆえん》の者、幾《いく》ばくも無し。然れども秦は之《これ》を以て亡《ほろ》び、漢《かん》は之を以て興《おこ》りしは、孝武は能く先主《せんおう》の道を尊《たっと》び、統守《とうしゅ》する所を知り、忠直《ちゅうちょく》の言《げん》を受《う》け、人の欺蔽《ぎへい》するを悪《にく》み、賢《けん》を好《この》みて・倦《う》まず、誅賞《ちゅうしょう》・厳明《げんめい》に、晩《ばん》にして過《あやまち》を改《あらた》め、顧託《こたく》すること人《ひと》を得《え》たればなり。此《こ》れ其の亡秦《ぼうしん》の失《しつ》有《あ》りて・而《しか》も亡秦の禍《わざわい》を免《まぬが》れたる所以《ゆえん》なるか。

〔大意〕

二月十四日（丁卯）、漢の武帝は五柞宮*で崩じた。帝は聡明で決断力にすぐれ、善く人を用いた。法を施行するに当たっては仮借することがなかった。

司馬光の論賛に言う。漢の武帝は、奢侈《しゃし》と欲望をほしいままにし、刑罰を盛んに行い、賦税*を重くし、内は宮殿を壮麗にし、外は四方の夷狄《*いてき》の征服に努め、神怪を信じ迷い、際限なく国内を巡遊して人民を疲弊させ、そのため、盗賊を働くような結果を招き、秦の始皇帝と異なるところは、ほとんどなかったのである。

しかしながら、秦はそれによって亡び、漢はそれによって栄えたのは、武帝がよく古の聖王の道を尊重し、伝統として何を守るべきかを知っていたからである。更に、忠言・直言を受け入れ、人のごまかしを嫌い、賢人を好みて倦《う》むことなく、賞罰を厳格に行い、また晩年になって過ちを改め、後事を託するに人物を得ることができたからであった。これが、亡秦と同じ失政がありながら、亡秦の禍《わざわい》を免れた原因だったのではあるまいか。

（例示文略）

---

* 五柞宮
漢の宮殿の一つ

* 賦税
人民に割り当てて納めさせる税

* 夷狄
中国人が周囲の異民族を呼んだ語

（十）疏広の出処進退の見事さ

漢帝国も武帝の最盛期を過ぎた後、第十代の宣帝の皇太子の太傅《たいふ》（教育係）であった疏広《そこう》父子の出処進退の見事さを称えた文章の中に、老子の名言が引用されている。

一、足るを知れば辱められず、止《とど》まるを知れば殆《あやう》からず、以て長久なるべし。

（足るを知れば辱められることはない。止まるを知れば危険に陥ることもない。足るを知り止まるを知ることによって、人は長く久しく身を安全に保つことが出来るものである。「立戒」第四十四）

二、功成り名遂げて身退くは天の道なり。

（功成り名遂げた後、その栄誉の地位から身を退ける謙譲の態度こそ、天の道にかなった振る舞いである。「運夷」第九）

「賢にして財多ければ則ち其の志を損し、愚にして財多ければ則ち其の過《あやまち》を為す。且《か》つ夫れ富は衆の怨なり」は至言である。

皇太子、年十二、論語・孝経に通ず。太傅《たいふ》疏広《そこう》、少傅《しょうふ》受《じゅ》に謂つて曰はく、『吾聞く、足るを知れば辱《はずかし》められず。止《とど》まるを知れば殆《あやう》からずと。今、仕宦《しかん》して二千石《せき》に至る。官成り名立つ。此の如くにして去らずんば、懼《おそ》らくは後悔有らん』と。即日《そくじつ》、父子、倶《とも》に病《やまい》と移《い》して、上疏《じょうそ》して骸骨《がいこつ》を乞《こ》ふ。上皆之《じょうみなこれ》を許し、黄金二十斤《きん》を加賜《かし》す。皇太子、贈《おく》るに五十斤を以《もっ》てす。公卿《こうけい》故人《こじん》、祖道《そどう》を設《もう》け東都門外《とうともんがい》に供張《きょうちょう》す。送る者、車数百両《くるますうひゃくりょう》。道路の観《み》る者、皆曰はく、『賢《けん》なるかな二大夫《たいふ》』と。或《あるい》は歎息《たんそく》して之《これ》が為《た》めに泣《なみだ》を下《くだ》す。広《こう》・受《じゅ》、郷里に帰り、日々《ひび》に其の家をして金を売りて共具《きょうぐ》し、族人《ぞくじん》・故《こ》旧《きゅう》・賓客《ひんかく》を請《こ》ひ、与《とも》に相娯楽《あいごらく》す。或《あるい》は広《こう》に其の金を以て子孫の為めに頗《すこぶ》る産業《さんぎょう》を立《た》てよと勧《すす》むる者有り。広曰はく、『吾《われ》、豈《あ》に老誖《ろうはい》して・子孫を念《おも》はざるならんや。顧《おも》ふに自《おのずか》ら旧田盧《きゅうでんろ》有り。子孫をして其《そ》の中《うち》に勤力《きんりょく》せしめば、以《もっ》て衣食を共《きょう》し・凡人《ぼんじん》と斉《ひと》しきに足《た》らん。今復《いままた》之《これ》を増益《ぞうえき》して、以《もっ》て贏余《えいよ》を為《な》さば、但《た》だ子孫をして怠墮《たいだ》せしめんのみ。賢《けん》にして財多《ざいおお》ければ則ち其《そ》の志《こころざし》を損《そん》し、愚《ぐ》にして財多《ざいおほ》ければ則ち其の過《あやまち》を益《ま》す。且《か》つ夫《そ》れ富《とみ》は衆《しゅう》の怨《うらみ》なり。吾既《われすで》に・以《もっ》て子孫を教化《きょうか》する無《な》し。其の過を益《ま》して怨を生《しょう》ずるを欲《ほっ》せず。又《また》、此《こ》の金《きん》は、聖主《せいしゅ》の以《もっ》て老臣《ろうしん》を恵養《けいよう》する所《ところ》なり。故《ゆえ》に、郷党《きょうとう》・宗族《そうぞく》と共《とも》に其《そ》の賜《たまもの》を饗《う》け・以《もっ》て吾《わ》が余日《よじつ》を尽《つく》すを楽しむも、亦可《またか》ならずや』と。是に於て、族人《ぞくじん》・悦服《えっぷく》す。

〔大意〕

（漢の宣帝の）皇太子が、十二歳で、論語・孝経*を理解するようになった。その教育を担当する太傅《たいふ》であった疏広《*そこう》が、少傅《*しょうふ》であった息子の受《じゅ》に言うには、「私は、足るを知れば辱められず、止まるを知れば殆《あやう》からず（老子の訓《おし》え）と聞いている。仕官して今、二千石の高禄*に達し、高官の名誉も得ることができた。功成り名遂げた今、自ら退かなければ、おそらく後悔することになろう」

＊孝経
儒教経典の一つ

＊疏廣
春秋学の博士

＊少傅
太傅の補佐役

＊高禄
多額の俸禄。高給

と。そしてすぐに、父子、ともに病を理由として辞職を願い出た。宣帝は皆その願いを許して黄金二十斤を加賜され、皇太子からは五十斤を贈られた。同僚の公卿や友人は、道に道祖神*をまつり旅の平安を祈り、東都門外で、送別の宴を催した。見送る者は車数百両に及び、道路に見送る人びとは、皆、「賢明なる二大夫よ」と感歎し、そのため涙を流した。

疏広と子の受とは、郷里に帰り、毎日、その家人に金《きん》を売って饗応接待させ、同族の人びとや古い知り合い、それに家の賓客を招いて、宴会を催し、一緒に楽しんだ。或る人が、疏広に其の金によって子孫の為に財産の基盤を確立しておくよう勧めた。それに対して疏広は、「私は、耄碌*《もうろく》して子孫のことを考えないわけではない。顧《かえり》みれば、わが家には、昔からの田畑や田宅などがあり、子孫にその田畑で勤労努力させれば、衣食に困ることもなく、普通の生活はできるはずである。この上に更に田畑などを増やして財産が多くなれば、それはただ子孫を怠惰にするだけだ。だいたい、賢明な人でも、財が多くなると、立派な志を損《そこ》なうことにな

---

* 道祖神
村境や峠などの道端にまつられる、禍・悪霊を防ぐ神、旅の安全を司る

* 耄碌
年をとって頭脳や身体のはたらきがおとろえること。老いぼれること

るものだし、愚人が財を多く持つと、その過失が多くなるものである。それにまた、富というものは、衆人の怨みのもとになり易い。

自分には、もう子孫を教化する力はないけれども、せめて、過失を増し、衆人の怨みを招くようなことは、したくない所だ。それにまた、この金は、天子が老臣を労《いたわ》り養ってやろうと下賜*されたものである。だから郷里の仲間や一族の人びとと一緒にその賜《たまもの》を享受して楽しみ、余生を尽くすことができれば、それで大いに可《よ》いではないか」と言った。それを聞いて一族の人びとは、皆、悦《よろこ》んで敬服した。

＊ 下賜
高貴の人が、身分の低い人に物を与えること

（十二）善を挙げて不能を教ふれば則ち勧《すす》む

この項の具体例二つ「舜は皐陶《こうよう》を挙げ」と「湯は伊尹《いいん》を挙げ」の注釈。

皐陶は、中国古代伝説上の帝舜の名臣で、最も法理に長じ、法を立て刑を制し獄を造ったとされる。

伊尹は、殷の湯王を補佐した賢相として知られている。

王莽《おうもう》が、前漢を亡ぼした後の群雄割拠の中で、後に後漢を復興した光武帝は、乱世の中においても、文教政策を重んじ、「忠厚の臣を取り、循良の吏を旌《あらわ》し」抜擢《ばってき》登用した。この結果、後漢帝国は、文治政治で繁栄し、その影響は、後世にまで及んだ。

宛《えん》の人《ひと》卓茂《たくぼう》、寛仁恭愛《かんじんきょうあい》、恬蕩《てんとう》にして道を楽しみ、雅実《がじつ》にして、華貌《かぼう》を為さず、己《おのれ》を行ふこと清濁《せいだく》の間《あひだ》に在《あ》り、（中略）初め茂《ぼう》、県に到り、廃置《はいち》する所《ところ》有《あ》れば、吏民《りみん》、之《これ》を笑《わら》ふ。鄰《りん》城《じょう》の聞《き》く者《もの》、皆《みな》、其《そ》の不能《ふのう》を嗤《わら》ふ。河南郡《かなんぐん》、為《た》めに守令《しゅれい》を置く。茂、嫌《けん》と為さず、事《こと》を治《おさ》むること自若《じじゃく》たり。数年にして、教化大《おおい》に行はれ、道《みち》、遺《お》ちたるを拾《ひろ》はず。京部《けいぶ》の丞《じょう》に遷《うつ》さる。密《みつ》の人《ひと》、老少《ろうしょう》、皆《みな》、涕泣《ていきゅう》して随《したが》ひ送《おく》る。王莽《おうもう》が摂《せつ》に居《お》るに及《およ》びて、病《やまい》を以《もっ》て免《めん》じて帰《かえ》る。上《じょう》、位《くらい》に即《つ》き、先《ま》づ茂を訪求《ほうきゅう》す。茂時《とき》に年《とし》七十余《よ》、甲申《こうしん》、詔《みことのり》して曰《い》はく、『夫《そ》れ名《な》、天下に冠《かん》たるは、当《まさ》に天下の重賞《じゅうしょう》を受《う》くべし。今、茂を以て太傅《たいふ》と為《な》し、褒徳侯《ほうとくこう》に封《ほう》ず』と。

　臣光曰はく、孔子称《しょう》す、『善を挙げて不能《ふのう》を教《おし》ふれば則ち勧《すす》む』と。是《ここ》を以《もっ》て、舜《しゅん》は皐陶《こうよう》を挙げ、湯《とう》は伊尹《いいん》を挙《あ》げて、不仁者遠《ふじんしゃとお》ざかる。徳有るが故《ゆえ》なり。光武《こうぶ》、位に即くの初め、群雄競逐《ぐんゆうきょうちく》し、四海鼎沸《かいていふつ》す。彼《か》の堅《けん》を摧《くじ》き敵《てき》を陥《おとし》るるの人、権略詭弁《けんりゃくきべん》の士《し》、方《まさ》に世《よ》に重《おも》んぜらる。而《しか》るに独《ひと》り能《よ》く忠厚《ちゅうこう》の臣《しん》を取《と》り、循良《じゅんりょう》の吏《り》を旌《あらわ》し、草莱《そうらい》の中《うち》に抜《ぬ》き、諸《これ》を群公《ぐんこう》の首《かしら》に寘《お》く。宜《うべ》なり其《そ》の・旧物《きゅうぶつ》を光復《こうふく》し、祚《そ》を享《う》くること久長《きゅうちょう》なるや。蓋《けだ》し先務《せんむ》とする所を知りて・其の本原《ほんげん》を得《う》るに由《よ》るが故《ゆえ》なり。

〔大意〕

宛の人卓茂は、*寛仁恭愛の人柄で、*安恬坦蕩《あんてんたんとう》の生き方で道を楽しみ、*雅正質実で外貌を飾らず、その行いは常に清を選び濁を棄てた。（中略）その卓茂が、初めて県令として赴任し着手した政策について、役人も庶民も笑った。隣県でもそれを伝え聞いて、みな無能な県令だとあざ笑った。そのため河南郡では、別に守令を置いたが、卓茂は、一向に気にせず、自若として政策を進めた。

　数年経過すると、卓茂の教化が行きわたって、人の落とし物を取る人もいなくなった。京部の*丞に転任する際には、密の人びとは、老いも若きも皆、涙を流して見送った。王莽《おうもう》が摂政になると、病のために辞職して帰郷した。*光武帝が即位すると、先ず卓茂をさがし訪れた。卓茂は七十歳を超えていたが、その日の十九日（甲申）、詔して「その名声が天下に冠たる人物こそ重賞を受けるべきであり、今卓茂を大傅（三公の右に位する）に任命し褒徳侯《ほうとくこう》に封ずる」と命じた。

　司馬光の論賛に言う。孔子が、季康子の問いに答えて「善行あ

＊　寛仁恭愛
心が広くあわれみ深く礼儀正しく人を愛する

＊　安恬坦蕩
安らかで静か、広く平らか

＊　雅正質実
上品で正しくかざりけなく誠実

＊　丞
司隷の農桑を司る

＊　光武帝
漢帝国を再興、後漢帝国の創始者

る者を挙げて用い、無能な者を教え導いてやれば、民は自然とその仕事に励むことになろう」と教えた。そのとおりで、＊舜《しゅん》帝は＊皐《こう》陶《よう》を登用し、湯《とう》王は＊伊尹《いいん》を挙用して、不仁者は遠ざかった。それは、善行ある者の徳によるのである。光武帝が即位した当初には、まだ群雄が競い合い、国中が沸きかえっており、堅城を破り、強敵を陥落させる武勇の者や権謀術数や弁舌の才のある者たちが、世間に重んじられていた。その中にあって光武帝だけは、誠実で手厚い臣下を登用し、法を守り公に奉ずる官吏《かんり》を表彰し、民間にかくれていた人物を抜擢して、これを重臣たちの首位に置いたのである。前漢の栄光を復興し、永く後漢の基礎を確立したのももっともなことであり、政治の優先順位を知って、その根元、根本のことを体得していたからにほかならない。

＊ 舜
中国の古伝説上の聖王
＊ 皐陶
法律をつかさどる
＊ 伊尹
中国の古伝説上の人物で、殷の名相。殷の湯王を助けて夏の桀王を討ち、殷王朝建設に尽力。湯王はこれを尊んで阿衡と称したという

（十二）教化は国家の急務なり、風俗は天下の大事なり

司馬光の論賛に見えるこの文章は、『資治通鑑』の名言・卓論の白眉《はくび》と言えよう。安岡教学で引用した最も長い文章でもある。

同時代の碩学《せきがく》として知られた羅予章《らよしょう》も、「教化は朝廷の先務、廉恥《れんち》は士人の美節、風俗は天下の大事なり。朝廷教化有れば則ち士人廉恥有り。士人廉恥有れば則ち天下風俗有り」と説いているが、当時の士君子の共通認識だったのであろう。廉恥とは、心が清く欲が無く、恥を知る心のあること。

周の文王（姫昌《きしょう》）……殷王朝の西伯として臣事していたが、聖徳があり、諸侯に帰するもの四十余国に及び、天下の三分の二を擁していたが、なお殷の臣下として終わった。その子姫発《きはつ》は殷の紂王を伐って天子の位に即き、周の武王となった。その後、父の姫昌を尊んで、周の文王の尊号を追謚《ついし》した。

この項が安岡教学に重視され、最長の引用文となったのは、教化と風俗を尊重した後漢（東漢）帝国とわが徳川幕藩体制が共に文治政策を重視して、長命の政権となったばかりでなく、それに続く、三国時代、幕末維新の時代に卓越した人材を輩出したからであった。安岡教学では、この二つの時代を最も高く評価しているのである。

魏王操《ぎおうそう》、孫権《そんけん》を表《ひょう》して票騎将軍《ひょうきしょうぐん》と為《な》し、節《せつ》を仮《か》し、荊州《けいしゅう》の牧《ぼく》を領《りょう》せしめ、南昌侯《なんしょうこう》に封《ほう》ず。権《けん》、校尉梁寓《こういりょうぐう》を遣《つか》はして入貢《にゅうこう》せしめ、又朱光《またしゅこう》等《ら》を遣《や》りて帰《かえ》らしめ、上書《じょうしょ》して、臣《しん》と操《そう》に称《しょう》し、天命《てんめい》を称説《しょうせつ》す。操《そう》、権《けん》の書《しょ》を以《もっ》て外《そと》に示《しめ》して曰《い》はく、『是《こ》の児《じ》、吾《われ》を踞《きょ》せしめて爐火《ろか》の上《うえ》に著《お》かんと欲《ほっ》するか』と。侍中陳群《じちゅうちんぐん》等《ら》皆《みな》曰《い》はく、『漢祚《かんそ》已《すで》に終《おわ》ること、適《まさ》に今日《こんにち》のみに非《あら》ず。殿下《でんか》、功徳巍巍《こうとくぎぎ》として、群生《ぐんせい》、望《のぞみ》を注《つ》ぐ。故《ゆえ》に孫権《そんけん》、遠《とお》きに在《あ》りて臣《しん》と称《しょう》す。此《こ》れ天人《てんにん》の応《おう》、気《き》を異《こと》にすれども声《こえ》を斉《ひと》しくするなり。殿下《でんか》、宜《よろ》しく大位《たいい》を正《ただ》すべし。復《ま》た何《なん》ぞ疑《うたが》はんや」と。操曰《そうい》はく、『若《も》し天命《てんめい》、吾《われ》に在《あ》らば、吾《われ》は周《しゅう》の文王《ぶんおう》と為《な》らん』と。

臣光《しんこう》曰《い》はく、教化《きょうか》は国家《こっか》の急務《きゅうむ》なり、而《しか》るに俗吏《ぞくり》は之《これ》を慢《あなど》る。風俗《ふうぞく》は天下《てんか》の大事《だいじ》なり、而《しか》るに庸君《ようくん》は之《これ》を忽《ゆるが》せにす。夫《そ》れ唯《た》だ明智《めいち》の君子《くんし》のみ、深《ふか》く識《し》り長《なが》く慮《おもんぱか》り、然《しか》る後《のち》、其《そ》の益《えき》たることの大《だい》にして功《こう》を収《おさ》むることの遠《とお》きを知《し》るなり。

光武《こうぶ》、漢《かん》の中《なか》ごろ衰《おとろ》へ、群雄糜沸《ぐんゆうびふつ》するに遭《あ》ひ、布衣《ふい》に奮起《ふんき》し、前緒《ぜんしょ》を紹恢《しょうかい》し、四方《ほう》を征伐《せいばつ》し、日《ひ》、給《きゅう》するに暇《いとま》あらざるに、乃《すなわ》ち能《よ》く経術《けいじゅつ》を敦尚《とんしょう》し、儒雅《じゅが》を賓延《ひんえん》し、学校《がっこう》を開広《かいこう》し、礼《れい》楽《がく》を修明《しゅうめい》す。武功《ぶこう》既《すで》に成《な》り、文徳《ぶんとく》も亦洽《またあまね》し。継《つ》ぐに孝明《こうめい》・孝章《こうしょう》を以《もっ》てし、先志《せんし》を遹追《いっつい》し、雍《よう》に臨《のぞ》みて老《ろう》を拝《はい》し、経《けい》を横《よこ》たへて道《みち》を問《と》ひ、公卿大夫《こうけいたいふ》より、郡県《ぐんけん》の吏《り》に至《いた》るまで、咸《みな》、経明《けいあきら》かに行修《おこないおさ》まるの人《ひと》を選用《せんよう》し、虎賁《こほん》の衛士《えいし》も、皆孝経《みなこうきょう》を習《なら》ひ、匈奴《きょうど》の子弟《してい》も、亦太学《またたいがく》に遊《あそ》ぶ。是《ここ》を以《もっ》て、教《おしえ》、上《かみ》に立《た》ち、俗《ぞく》、下《しも》に成《な》る。其《そ》の忠厚清修《ちゅうこうせいしゅう》の士《し》は、豈《あ》に惟《た》だ重《おも》きを搢紳《しんしん》に取《と》るのみならんや、亦《また》、衆庶《しゅうしょ》に慕《した》はる。愚鄙汚穢《ぐひおあい》の人《ひと》は、豈《あ》に惟《た》だ朝廷《ちょうてい》に容《い》れられざるのみならんや。亦《また》、郷里《きょうり》に棄《す》てらる。三代既《だいすで》に亡《ほろ》びしより、風化《ふうか》の美《び》なること、未《いま》だ東漢《とうかん》の盛《さかん》なるが若《ごと》き者有《ものあ》らざるなり。孝和以降《こうわいこう》に及《およ》びて、貴戚《きせき》、権《けん》を擅《ほしいまま》にし、嬖倖《へいこう》、事《こと》を用《もち》ひ、賞罰《しょうばつ》、章無《しょうな》く、賄賂《わいろ》公行《こうこう》し、賢愚渾殽《けんぐこんこう》し、是非顛倒《ぜひてんとう》す。乱《みだ》れたりと謂《い》ふ可《べ》し。然《しか》れども猶《な》ほ緜緜《めんめん》として・亡《ほろ》ぶるに至《いた》らざるは、上《かみ》には則《すなわ》ち公《こう》卿大夫《けいたいふ》・袁安《えんあん》・楊震《ようしん》・李固《りこ》・杜喬《ときょう》・陳蕃《ちんばん》・李膺《りよう》の徒有《とあ》り、面《めん》引廷争《いんていそう》し、公義《こうぎ》を用て以《もっ》て其《そ》の危《あやう》きを扶《たす》け、下《しも》には則《すなわ》ち布衣《ふい》の士《し》・符融《ふゆう》・郭泰《かくたい》・范滂《はんぼう》・許劭《きょしょう》の流有《たぐいあ》り、私論《しろん》を立《た》てて以《もっ》て其《そ》の敗《やぶ》れを救《すく》ふ。是《ここ》を以《もっ》て、政治《せいじ》、濁《にご》ると雖《いえど》も、而《しか》も風俗《ふうぞく》衰《おとろ》へず。斧鉞《ふえつ》を触冒《しょくぼう》し・前《まえ》に僵仆《きょうふ》し・而《しか》して忠義奮発《ちゅうぎふんぱつ》し・継《つ》ぎて後《のち》に起《おこ》り・踵《くびす》に随《したが》つて戮《りく》に就《つ》き・死《し》を視《み》ること帰《かえ》るが如《ごと》きもの有《あ》るに至《いた》る。夫《そ》れ豈《あ》に特《ただ》に数子《すうし》の賢《けん》なるのみならんや。亦《また》、光武《こうぶ》・明《めい》・章《しょう》の遺化《いか》なり。是《こ》の時《とき》に当《あた》りて、苟《いやし》くも明君有《めいくんあ》り、作《おこ》りて之《これ》を振《ふる》はば、則《すなわ》ち漢氏《かんし》の祚《そ》、猶《な》ほ未《いま》だ量《はか》る可《べ》からざりしならん。不幸《ふこう》にして、陵夷頽敝《りょういたいへい》の余《よ》を承《う》け、重《かさ》ぬるに桓《かん》・霊《れい》の昏虐《こんぎゃく》なるを以《もっ》てし、姦回《かんかい》を保養《ほうよう》すること、骨《こつ》肉《にく》よりも過《す》ぎ、忠良《ちゅうりょう》を殄滅《てんめつ》すること、寇讐《こうしゅう》よりも甚《はなは》だしく、多士《たし》の憤《いきどおり》を積《つ》み、四海《かい》の怒《いかり》を蓄《たくわ》ふ。是《ここ》に於《おい》て、何進《かしん》、戎《じゅう》を召《め》し、董卓《とうたく》、釁《きん》に乗《じょう》じ、袁紹《えんしょう》の徒《と》、従《したが》つて難《なん》を構《かま》へ、遂《つい》に、乗輿《じょうよ》は播遷《はせん》し・宗廟《そうびょう》は丘墟《きゅうきょ》となり・王室《おうしつ》は蕩覆《とうふく》し・烝民《じょうみん》は塗炭《とたん》し・大命《たいめい》は隕絶《いんぜつ》し・復《ま》た救《すく》ふ可《べ》からざらしむ。然《しか》れども、州郡《しゅうぐん》の兵《い》を擁《よう》し地《ち》を専《もっぱ》らにする者《もの》、互《たがい》に相呑噬《あい》すと雖《いえど》も猶《な》ほ未《いま》だ嘗《かつ》て漢《かん》を尊《たっと》ぶを以《もっ》て辞《じ》と為《な》さずんばあらず。魏武《ぎぶ》の暴戻彊伉《ぼうれいきょうこう》にして・加《くわ》ふるに天下《てんか》に大功《たいこう》有《あ》り・其《そ》の君《きみ》を無《な》みするの心《こころ》を蓄《たくわ》ふること久《ひさ》しきを以《もっ》てすら、乃《すなわ》ち身《み》を没《ぼっ》するに至《いた》るまで、敢《あえ》て漢《かん》を廃《はい》して自立《じりゅう》せず。豈《あ》に其の志《こころざし》の欲《ほっ》せざるならんや、猶《な》ほ名義《めいぎ》を畏《おそ》れて自《みずか》ら抑《おさ》へたればなり。是《これ》に由《よ》りて之《これ》を観《み》れば、教化《きょうか》は安《いずく》んぞ慢《あなど》る可《べ》けんや、風俗《ふうぞく》は安《いずく》んぞ忽《ゆるが》せにす可《べ》けんや。

〔大意〕

教化は国家の政治の中で最優先・最重要視せねばならぬ事項である。国の民の風俗がどうなっているかは天下の大事である。ところが、凡庸な君主はこれを軽視する。ただ明智の君臣のみが教化と風俗との意義を深く認識し、永く配慮を続けて、しかるのちに、その結果のいかに大きく、いかに後世にまで影響するかを知るのである。

光武帝（漢帝国を再興、後漢《ごかん》帝国の創始者）は、前漢帝国が衰え、王莽《おうもう》に国を奪われ、群雄割拠の世に遭遇し、在野の平民から奮起して、祖先の前漢の諸帝の業績を明らかにしてその回復を図るべく、四方を征伐する戦いで一日も暇のない中にあっても古典を尊重し、学者・人物を賓師として学び、教化の中核として学校を開き広め、教化・風俗の根幹となる礼楽を修め、明らかにしようとした。その結果、再興成った後漢では、武力による天下平定と共に、文徳も天下に行き渡った。

このすばらしい創業を継承した明帝も章帝も、光武帝の志を忠実に遵守し、学問・道徳を尊重し、中央・地方の官僚もみな学問・道徳を修めた者を登用し、武官ですら『孝経』を習い、夷狄《いてき》の匈奴《きょうど》*ですら、その子弟を大学に留学させるほどになった。

このようにして、国家の教化が上に確立し、民の風俗も下に成就したのである。この結果、立派な人物（忠厚清修の士）は、中央の高官のみならず一般庶民にも敬慕されたのに対し、劣悪な人

＊ 匈奴
中国、秦・漢代、モンゴル高原に活躍した遊牧騎馬民族

物（愚鄙汚穢の人）は、上・朝廷に入れられないだけでなく、下・郷里でも棄てられるようになった。

この理想の教化風俗を見たといわれる三代が亡びてしまって以来、東漢（前漢の都は西の長安、後漢の都は東の洛陽であったため、前漢を西漢、後漢を東漢と呼称することもあった）ほど教化風俗の理想的な在り方を盛行させた例は無い。

和帝以降に及んで外戚・宦官《かんがん》がこもごも政治をほしいままにし、賞罰も不明瞭、賄賂《わいろ》が公然と行われ、賢も愚もまじり合い、是と非も逆さになってしまった。政治が乱れてしまったといえる。

けれども不幸なことに、国の永年の衰退の余波を承《う》け、これに加えて桓《かん》帝・霊帝のような暗君が続くことになり、姦悪邪曲*の者を肉親以上に保護する一方、忠良の臣をかたきに対するよりも残虐に滅殺して、多くの心ある士、天下のいきどおりを積み重ねてしまった。その結果、次々に反乱が起こり、皇帝が都を追われ、後漢帝国は事実上滅亡したのである。

それでもなお、各地に割拠した群雄たちは、互いに弱肉強食の

＊ 姦悪邪曲
悪がしこくよこしま

争いを繰り返していたが、漢を尊ぶことを名分としないものはなかった。魏の曹操《そうそう》*ですら、乱世の雄として強力であり、大きな功績もあって、内心では永年漢帝をないがしろにして来たにもかかわらず、生涯後漢を亡ぼして自ら帝となろうとはしなかった。それは、本心望まなかったからではない。なお大義名分を畏《おそ》れて、自らその本心の望みを抑制したからである。

この史実から考察してみれば、国家の政治において教化とその結果としての風俗を軽視すべきではないことは明白となろう。

---

* 曹操
（一五五—二二〇年）
中国、三国時代魏の始祖

（十三）君子の出処進退

士君子にとって出処進退こそ、人としての在り方の要諦であることを説いている。安岡教学においても、出処進退こそ、士君子の在り方の要諦としている。

古来、東洋の教学においても同様であった。『論語』述而《じゅつじ》篇の用舎行蔵《ようしゃこうぞう》の訓《おし》えも、この出処進退にほかならない。

子、顔淵に謂《い》ひて曰く、「之を用《もち》ふれば則ち行い、之を舎《す》つれば則ち蔵《かく》る。唯我と爾《なんじ》と是れ有るかな」と。

〔大意〕

孔子が顔淵に向かって「自分をみとめて用いてくれるものがあれば、出でて我が道を行い、世の中から見捨てられた場合は、抱負を心の中にひそめて、じっとかくれる。かく出処進退の宜しきを得るのは、まず、わしとお前ぐらいのものかなあ」と言った。

このように「行蔵自在」とは、君子の行動の世に処して滞《とどこお》りないことを言ったのであるが、古来、東洋では、出処進退の見事さを称えた成語でもあった。因みに世に出ないで野に在る人物を処士と言い、嫁がず家に居る女性を処女と呼んでいる。

初め南陽《なんよう》の樊英《はんえい》、少《わか》くして学行《がっこう》有り、名《な》、海内《かいだい》に著《あらわ》れ、壺《こ》山《ざん》の陽《みなみ》に隠《かく》る。州郡、前後《ぜんご》礼請《れいせい》すれども、応ぜず。（帝の徴に応じないこと列挙――中略）後応対《のちおうたい》するに及びて、奇謀深策《きぼうしんさく》無し、談者《だんしゃ》以為《おも》へらく、望《のぞみ》を失《うしな》へりと。河南の張楷《ちょうかい》、英と倶《とも》に徴《ちょう》せられ、英に謂《い》つて曰《い》はく、『天下に二道《どう》有り、出《い》づると処《お》るとなり。吾前《さき》に以《おも》へらく、子《し》の出づるや、能《よ》く是《こ》の君《きみ》を輔《たす》けん、斯《こ》の民《たみ》を済《すく》はんと。而《しか》るに子、始め不訾《ふし》の身を以て、万乗《ばんじょう》の主《しゅ》を怒《いか》らす。其《そ》の爵禄《しゃくろく》を享受《きょうじゅ》するに及びて、又《また》、匡救《きょうきゅう》の術《じゅつ》を聞《き》かず。進《すす》むも退《しりぞ》くも拠《よ》る所《ところ》無《な》し』と。

臣光曰はく、古《いにしえ》の君子《くんし》は、邦《くに》、道《みち》有《あ》れば則《すなわ》ち仕《つか》へ、邦、道無《な》ければ則ち隠《かく》る。隠るるは君子の欲《ほっ》する所《ところ》に非《あら》ざるなり。人《ひと》、己《おのれ》を知《し》るもの莫《な》くして、道《みち》、行《おこな》はるるを得《え》ず、群邪共《ぐんじゃとも》に処《お》りて、害将《がいまさ》に身《み》に及《およ》ばんとす。故《ゆえ》に深《ふか》く蔵《ぞう》して以《もっ》て之《これ》を避《さ》く。王者《おうしゃ》、逸民《いつみん》を挙《あ》げ、仄陋《そくろう》を揚《あ》ぐるは、固《もと》より其《そ》の・国家《こっか》に益有るが為めにして、以て世俗の耳目に徇《したが》ふに非ざるなり。

是の故《ゆえ》に、道徳、以て主を尊くするに足り、智能、以て民を庇《おお》ふに足り、褐《かつ》を被《き》て玉を懐《いだ》き、深く蔵して・市《う》らざる有れば、則ち王者、当に礼を尽《つく》して之を致《いた》し、己を屈《くつ》して以て之を訪《と》ひ、己に克ちて以て之に従ふべし。然る後、能く利沢、四表《ひょう》に施《ほどこ》し、功烈《こうれつ》、上下《しょうか》に格《いた》る。蓋《けだ》し其の道を取りて、其の人を取らず、其の実を務めて、其の名を務めざるなり。其れ或は礼備《れいそな》はれども至らず、意勤《いつと》むれども起《た》たざれば、則ち姑《しばら》く内《うち》に自《みずか》ら循省《じゅんせい》して、敢《あえ》て彊《し》ひて其の人を致さずして曰はく、『豈《あ》に吾が徳の薄《うす》くして、慕《した》ふに足《た》らざるか。政《まつりごと》の乱れて、輔《たす》く可からざるか。群小《ぐんしょう》、朝《ちょう》に在りて、敢て進まざるか。誠心、至らずして、其の言《げん》の用《もち》ひられざるを憂《うれ》ふるか。何ぞ賢者の我に従はざるや』と。苟《いやしく》も其の徳已《とくすで》に厚《あつ》く、政已《まつりごとすで》に治《おさ》まり、群小《ぐんしょう》遠ざかり、誠心至《せいしんいた》らば、彼将《かれまさ》に閽《こん》を扣《たた》きて自ら售《う》らんとす。又、安《いず》んぞ勤《つと》めて求むれども至らざる者有らんや。（例示中略）

若し乃ち孝弟《こうてい》、家庭に著れ、行誼《こうぎ》、郷曲《きょうきょく》に隆《さかん》に、利《り》、苟《いやしく》も取《と》らず、仕《つか》ふるに、苟《いやしく》も進まず、己を潔《いさぎよ》くし分《ぶん》に安《やす》んじ、優游《ゆうゆう》して歳《とし》を卒《お》ふるは、以て主《しゅ》を尊《たっと》くし民を庇《おお》ふに足《た》らずと雖《いえど》も、是れ亦清修《せいしゅう》の吉士《きっし》なり。王者《おうしゃ》、当《まさ》に褒優安養《ほうゆうあんよう》し、其の志《こころざし》を遂《と》げしむること、（例示中略）を遇《ぐう》するが若《ごと》くにし、以て廉恥《れんち》を励《はげ》まし、風俗《ふうぞく》を美《び》にすべし。斯れ亦《また》可《か》なり。固《まこと》に当に范升《はんしょう》の詆毀《ていき》するが如くなるべからず。又、張楷の責望するが如くなるべからざるなり。（後略）

〔大意〕

南陽の樊英《はんえい》は、若い時から学問・品行が有り、その名声は、国内に広く知れ渡っていたが、壺山の南麓に隠れ棲《す》んで世を避けて仕官しなかった。州や郡から度たび厚い礼を以て招請《しょうせい》されたが、これに応じなかった。（中略）（親友の王逸の説得に応じて仕官することになり）天子の招聘《しょうへい》に応対して仕官することになったが、特に、すぐれた謀略やふかい政策が無いので、人びとは期待はずれだったとうわさした。

河南の張楷《ちょうかい》も樊英と一緒に招聘されたが、楷は英に向かって言った。「天下には、二つの道がある。世に出て仕官する道と野にかくれ処《お》る道である。私は、あなたが世に出て仕官するならば、よく天子を補佐して、よく人民を救うであろうと期待していた。ところがあなたは、計り知れない自負を以て、万乗の天子を怒らせておきながら、その爵禄*を享受する立場に立ってみると、一向に国家を正し人民を救う術策を発揮したと聞かない。これでは、世に出て仕官しても、野にかくれ処しても、どちらも、拠り所とならない」と。

司馬光の論賛に言う。古の君子は、有道の国であれば出仕*し、無道の国であれば隠遁《いんとん》*した。隠遁するのは、君子の本望ではなく、世に自分を知る者がなく、自分の道を行えず、出仕しても、多くの邪臣と一緒にいては、かえって危害が身に及ぶ可能性もあるために、自分の道を深く内にしまってそれを避けたのである。

昔から王者が、隠遁して野に処る者を登用してきたのは、もと

＊ 爵禄
爵位と俸禄

＊ 出仕
勤めに出ること

＊ 隠遁
世事を逃れ、隠れ住むこと

よりその人物が国に貢献することを期待したからであり、世評に従ったからではない。このため、その道徳が君主を尊くするに十分であり、その智能が、人民を救するに足る人物であって、粗衣*をまとって道徳・智能を内に秘めた人物がいれば、王者は、礼を尽くして招致し、身を低くし自分を抑えて、これに従わなければならない。このようにして初めて、恩恵・効果が、国の全体に及ぶことになるのである。思うに、その道を取って、その人を取らず、その実を務めて、その名を務めないからである。それでも或いは、礼備わり、誠意を尽くしても、その人物が出仕しないときには、しばらく自分を反省して、無理に招致しようとせず、「自分の人徳が敬慕するに足りないからか、補佐するには、政治が乱れすぎているからか、多くの小人が朝廷にいるので気が進まないからか、自分の誠意が不十分で、進言しても用いられないと心配しているからか、なぜ、賢者が招致に応じないのであろう」と考えるべきであろう。少なくともすでにその徳も篤く政治もととのい、群小も退けられて、自分の誠意が十分であれば、彼は自分か

＊ 粗衣
粗末な着物

ら出仕を求めて門をたたいて来るにちがいない。このように自分が努力しているのに、招致に応じない者があろうかと考えるべきであろう。（例示中略）

もし家庭にあって孝悌*、地域での行動が立派であると評価され、かりそめには利を求めず、出仕を求めることなく、己を潔くして分に安んじ、悠々自適して生涯を終える者がいれば、もとより君主を尊くし人民を庇護するには足りないけれども、やはり行いの清らかな優れた人物である。王者は、まさに褒賞し優遇してその志を遂げさせるべきである。それによって廉恥の風を励まして世の風俗を良くすればよいのである。決して范升《はんしょう》が誹《そし》ったりまた張楷が樊英を責めたりするようなことになってはならないのである。（後略）

＊ 孝悌　父母に孝行をつくし、兄など年長者によくつかえること

（十四）治を為すの要は、人を用ふるよりも先なるはなし

〈治を為すの要は、人を用ふるよりも先なるは莫し。而して人を知るの道は、聖賢も難しとする所なり〉。まことに至言である。『資治通鑑』を代表する名言・卓論の一つと言えよう。治乱興亡、栄枯盛衰を展開した東洋の政治史の中から、この課題の解決を求めて、帝王学・宰相学――いわゆる帝範《ていはん》・臣軌《しんき》の学が発達してきたのである。歴代の帝王やこれを補佐した宰相・官僚群は、この学に依拠して国政に当たってきた。政治の要諦は、賢才を任用することであるが、真の賢才を見分けることは、聖賢にも至難なことであった。

ところがわが国には、この帝王学・宰相学を完璧に活学した先達がいた。荻生徂徠《おぎゅうそらい》であり、八代将軍吉宗に建策した『政談』巻の三が、その労作である。その人事論・人材論にそのエッセンスが集約されている。その要諦を要約すれば、次の八項目とされてきた。

1　人の長所を初めより知らんと求むべからず。人を用いて初めて長所の現るものなり。
2　人はその長所のみを取らば即ち可なり。短所を要るを要せず。
3　己が好みに合う者のみを用ふる勿《なか》れ。
4　小過をとがむる要なし。ただことを大切になさば可なり。

5 用いる上は、そのことを十分に委ぬべし。
6 上にある者、下にある者と才知を争うべからず。
7 人材は必ず一癖あるものなり。器材なるが故なり。癖を捨てるべからず。
8 かくして良く用うれば、事に適し時に応ずる程の人物は必ずこれにあり。

（メモ—荻生徂徠の「上役学」）

（三国志、魏の明帝）詔《みことのり》して、考課《こうか》の法を作らしむ。劉邵《りゅうしょう》、都官《とかん》考課の法七十二条を作り、又、説略《せつりゃく》一篇を作る。詔して、百官に下《くだ》して議《ぎ》せしむ。（議論の例示略）議、之を久しうて決せず。事竟《ことつい》に・行はれず。

臣光曰はく、治《ち》を為すの要《よう》は、人《ひと》を用《もち》ふるよりも先《さき》なるは莫《な》し。而《しか》して人を知るの道《みち》は、聖賢《せいけん》も難《かた》しとする所なり。是《こ》の故《ゆえ》に、之《これ》を毀誉《きよ》に求《もと》むれば、則ち愛憎《あいぞう》競《きそ》ひ進《すす》みて、善悪渾《ぜんあくこん》殺《こう》す。之を功状《こうじょう》に考《かんが》ふれば、則ち巧詐《こうさ》横《よこ》しまに生《しょう》じて、真《しん》偽《ぎ》相冒《あいおか》す。之を要《よう》するに、其《そ》の本《もと》は、至公至明《しこうしめい》に在《あ》るのみ。

人の上《かみ》たる者《もの》、至公至明《しこうしめい》なれば、則ち群下《ぐんか》の能否《のうひ》、悼然《しゃくぜん》として目中《もくちゅう》に形《あら》はれ、復《ま》た逃《のが》るる所無《ところな》し。苟《いやし》くも不公不明《ふこうふめい》を為《な》せば、則ち考課の法は、適々曲私欺罔《たまたまきょくしぎもう》の資《し》と為《な》すに足《た》るなり。何を以てか之を言ふ。公明なる者は心なり、功状《こうじょう》なる者《もの》は迹《あと》なり。己の心、治《おさ》むる能はずして、而して以て人の迹を考ふるは、亦難からずや。人の上《かみ》たる者、誠に能く親疎貴賤を以て其の心を異にし・喜怒好悪《きどこうお》をもて其の心を乱さざるときは、経《けい》を治むるの士《し》を知らんと欲すれば、則ち其の記《き》覧博洽《らんはくこう》にして・講論精通《こうろんせいつう》するを視《み》て、斯《ここ》に善《よ》く経《けい》を治《おさ》むと為し、獄《ごく》を治むるの士を知らんと欲すれば、則ち其の情偽《じょうぎ》を曲尽《きょくじん》して・冤抑《えんよく》する所無《ところな》きを視て、斯《ここ》に善《よ》く獄《ごく》を治《おさ》むと為し、財《ざい》を治むるの士を知らんと欲すれば、則ち其の倉庫盈実《そうこえいじつ》し・百姓富給《せいふうきゅう》するを視て、斯に善く財を治むと為し、兵《へい》を治むるの士を知らんと欲すれば、則ち其の戦勝攻取《こうしゅ》し・敵人畏服《てきじんいふく》するを視《み》て、斯《ここ》に善く兵を治むと為し、百官に至るまで、皆《みな》然《しか》らざるは莫し。人に詢謀《じゅんぼう》すと雖も、而も之を決するは己に在り、迹に考求《こうきゅう》すと雖も、而《しか》も之を察《さっ》するは心に在《あ》り。其の実《じつ》を研覈《けんかく》して、其の宜《よろ》しきを斟酌《しんしゃく》するは、至精至微《しせいしび》にして、口《くち》を以《もっ》て述《の》ぶ可からず、書《しょ》を以て伝《つた》ふ可からざるなり。安《いずく》んぞ予《あらかじ》め之が法を為《つく》りて・悉《ことごと》く有司《ゆうし》に委《ゆだ》ぬるを得んや。

　或《あるい》は親貴《しんき》なるは、不能《ふのう》なりと雖も而《しか》も職《しょく》に任《にん》ぜられ、疎賤《そせん》なるは、賢才《けんさい》なりと雖も而も遺《わす》れられ、喜《よろこ》ぶ所好《この》む所の者は、官《かん》を敗《やぶ》れども而《しか》も去《さ》らず、怒《いか》る所悪《にく》む所の者は、功有れども而も録《ろく》せず、人に詢謀《じゅんぼう》すれば、則ち毀誉《きよ》相半《あいなかば》して、決《けっ》する能《あた》はず、其の迹を考求《こうきゅう》すれば、則ち文具《ぶんそな》はり実亡《じつほろ》びて、察《さっ》する能《あた》はずんば、復《ま》た之が善法《ぜんぽう》を為《つく》り・其の条目《じょうもく》を繁《しげ》くし・其の簿書《ぼしょ》を謹《つつし》むと雖も、安んぞ能く其の真を得んや。或は曰はく、人君《じんくん》の治《ち》、大《だい》なる者《もの》は天下《てんか》、小《しょう》なる者は国家《こっか》、内外《ないがい》の官、千万《せんまん》を以て数《かぞ》ふ。考察黜陟《ちゅっちょく》、安んぞ有司《ゆうし》に委《ゆだ》ねずして独《ひと》り其の事に任ずるを得んやと。曰はく、其の然《しか》るを謂《い》ふに非ざるなり。凡《およ》そ人の上《かみ》たる者《もの》は、特《ただ》に人君のみにあらず、太守は一郡の上に居り、刺史《しし》は一州の上に居り、九卿《きゅうけい》は属《ぞく》官《かん》の上《かみ》に居り、三公《こう》は百執事《しつじ》の上に居り、皆、此の道を用ひて、以て下に在るの人を考察黜陟し、人君たる者も、亦、此の道を用ひて、以て公卿太守を黜陟せば、奚《なん》の煩労《はんろう》か之《こ》れ有《あ》らんや。或は曰はく、考績《こうせき》の法《ほう》は、唐虞《とうぐ》の為《つく》る所、京房《けいぼう》・劉《りゅう》邵《しょう》、述べて之を脩《おさ》めしなり、烏《いず》くんぞ廃《はい》す可けんやと。（答へて）曰はく、唐虞《とうぐ》の官は、其の・位《くらい》に居るや久《ひさ》しく、其の・任《にん》を受くるや専《もっぱ》らに、其の・法を立つるや寛《かん》に、其の・成《せい》を責《せ》むるや遠《とお》し。是《こ》の故《ゆえ》に、鯀《こん》の・水を治《おさ》むるや、九載《きゅうさい》にして、績用成《せきような》らず、然る後《のち》其の罪《つみ》を治《おさ》む。禹《う》の・水を治むるや、九《きゅう》州《しゅう》の同《おな》じき所、四隩《いく》既に宅《たく》し、然る後《のちそ》其の功《こう》を賞《しょう》す。京房・劉邵の法の・其の米塩《べいえん》の課《か》を校《こう》し・其の旦夕《たんせき》の效を責《せ》むるが若《ごと》きに非ざるなり。事、固《もと》より、名《な》同じくして実異《じつこと》なる者《もの》有り。察《さつ》せざる可からざるなり。考績《こうせき》は、唐虞《とうぐ》に行《おこな》ふべくして・漢魏《かんぎ》に行ふ可からざるに非ず。京房・劉邵が其の本《もと》を得《え》ずして其の末《すえ》に犇趨《ほんしゅ》するに由るが故なり。

〔大意〕

三国志の魏の明帝は、詔*を下して考課の法を作成させた。劉邵《りゅうしょう》は都官考課法*七十二条を作り、さらにその解説書の説略一篇を作った。明帝は、詔を下して、これを、すべての役人に下して論議させた。（議論の例示略）久しく論議が交わされたが、結論に到らず、結局、施行されずに終わった。

司馬光の論賛に言う。政治を行う要諦として、人を用いることより優先することはない。それでいて、人を評定し人を知るという方法には、古の聖人・賢人ですら苦しんだ程、難しいことなのである。

このため、世の毀誉褒貶《きよほうへん》*の評判に基準を求めると、その結果、愛顧・憎悪の情が競い進んで、善人か悪人かも区別がつかず、入り雑《ま》じってしまうことになる。また評定の基準をその功績の状況の考察に置くと、その結果、巧妙な詐欺《さぎ》が横行して、真・偽の区別がつかなくなってしまうことになる。

それだから結論から言えば、その要諦は、公明至極の対応に尽

＊ 詔
天子の命令を直接伝える文書

＊ 都官考課法
人物評価・勤務評定の法

＊ 毀誉褒貶
悪口を言うこととほめること

きよう。人の上に立つ者人に長たる者が公明至極であれば、部下の群臣の有能か無能かは、一目瞭然となって目の前にあらわれ、決して見落とすことはない。いやしくも公明至極を失えば、当の考課の法そのものが、私欲欺瞞《ぎまん》を助長する材料となってしまうのである。

どうしてそう言えるかというと、公明か否かは、心の在り方であって、その功績のいかんは、人の行為の結果である。自分の心の在り方を治められないでいて、人の行為の結果を考えようとするのは、まことに難しいことではなかろうか。人の上に立つ者が、親疎あるいは貴賤のいかんによってその心の在り方を変えたり、喜怒あるいは好悪のいかんによってその心の状況を乱したりしないようになり得た場合には、経書を究め修めている人物を知りたいと願う時には、その人物の学問が広く、講論が精通している所を観察して、この人物は、経書を究め修めていると判断し、更に、刑獄を司る人物を見出そうとする時には、その人物が事実を究め尽くして、無実の罪に陥れることが無い所をよく見分けた上で、この人物こそ刑獄を司ることができると判断し、更にまた、財政を担当する人物を見出そうとする時には、国庫が十分に満ち足りて、人民の生活を富ませられているかどうかを見届けた上で、この人物こそ財政を担当するにふさわしいと判断し、更にまた、軍務を統帥《とうすい》する人物を見出そうとする時には、戦えば勝利し、攻め取る戦い振りや、敵国の将士・人民までもが、この人物に畏服する様子などをよく見きわめた上で、この人物こそ軍務を統帥するにふさわしいと判断し、他のすべての官職についても、みなこのような考察を必要とするであろう。

人を官職に任用する際、他の者に諮問し相談することがあっても、決定するのは、己自身なのである。その経過を考察するのであるけれども、その考察をするのは、己の心にほかならない。その実績を研究して適切な人物を選びだすことは、至極精妙*な心の働きが必要であって、口頭を以て述べることもできないし、文書を以ても伝えることができないのである。況《ま》してやそれを前もって法令を定めて、それを皆、担当官に委任することなどできるは

＊ 精妙
極めて細かく巧みであること

ずがあろうか。

　或る場合には、君主に親貴なる者が、無能であっても任用され、疎遠の者などは、賢才であっても忘れ去られてしまう。そしてまた君主の喜び好むところの者は、官僚として過ちがあっても、そのまま地位に止まり、君主の怒りを受け憎まれている者は、功労があっても記録にも載せられない。

　そこで君主自身が人に*諮詢《しじゅん》すれば、毀《そし》る者と誉《ほ》める者とが相半ばして決断することができず、その功績を調べてみると、文飾は*具備していても、実績が伴わず、調査の仕様もないというようなことでは、たとえ善い法令を制定して、条目を整備して、その*調簿を具備したところで、どうして事実を知ることができようか。

　或る人は言う。「君主の統治するところは、大は天下から、小は一国家ということになるが、どの場合でも、内外の官僚は、極めて多数にのぼる。その勤務評定や人事異動について担当官に委任しないで、君主自身で関わっていられようか」と。それに対しては、答えよう。「そんなことを言っているのではない。およそ

＊ 諮詢
参考として問い尋ねること。意見をきくこと

＊ 具備
必要な物や事柄を十分に備えていること

＊ 調簿
役所の帳簿。公文書

人の上に立つ者とは、独り君主のみを言うのではない。太守は一郡の上に居り、刺史は一州の上に居り、九卿は、それぞれ己の属官の上に居り、三公は多くの執事の上に居るのである。それらの上に居る者は皆、上述の公明至極の方法を用いて、それぞれ己の下に属する人物を評定して人事異動を行い、君主たる者も、同じくこの方法を用いて、公卿・太守らの勤務評定・人事異動を行っていけば、どうして煩労なことがあろうか」と。

また或る人は言う。「考績の法は、尭・舜が作り、京房・劉邵が祖述して整理した所であり、どうして廃止することが許されるだろうか」と。それに対しては答えよう、「尭・舜の官僚は、その在任期間も長く、その任務も、一定の専任であり、立法の趣旨も寛《ゆる》やかで、職責を問うことも、長い目で評価されたのであった。そのゆえに、鯀《こん》が治水に当たった際も、九年の間その事業を観察した後に、成果の無い責任を追及したのである。これに代わって禹が後継者として治水に当たった際も、成功して、全国どこでも、四方の水辺にも安心して住めるようになった後に、その功績が賞

＊刺史
中国の地方官。漢代では地方監察官、隋・唐代では州の長官。宋以後廃止

＊九卿
中国の官名。三公に次ぐ九種の中央行政長官の総称

＊太守
古代中国の郡の長官。秦代に創設された郡守を漢代に改称したもの

＊治水
洪水などの水害を防ぎ、また水運や農業用水の便のため、河川の改良・保全を行うこと

されたのである。京房や劉邵の法が、米や塩の生産を基準に、極めて短期間の効果を求めているようなものではないのである。

制度というものは、昔から、名称は同じであっても、実態は異なっている場合が有るものであり、この辺を推察しなければならない。考績の法は、尭・舜の下では施行できても、漢・魏においては施行できないというものではないのである。それは京房・劉邵が、人物評価・勤務評定の基本原則も心得ずにその技術の末にのみ走ってしまったことに依るのである」と。

（十五）嫡を立つるに長を以てするは、礼の正なり。然れども高祖の天下を有てる所以は、皆太宗の功なり

秦伯は、周の太王の長子であったが、太王が弟の季歴を後継者として立て、その昌に及ぼそうとする意向があるのを知って、次弟の仲雍と共に、南方の荊蛮《けいばん》に出奔した。荊蛮は、その義に感じ、これに帰属する者が多く、呉の国の始祖に推載された。

唐の太宗李世民《りせいみん》は、歴代の王朝の帝王の中でも、屈指の名君とされているが、その即位をめぐって、兄の太子建成と弟の元吉と骨肉の争いを避け得なかった。（玄武門の変）「貞観《じょうがん》の治《ち》」と称えられる輝かしい治世を通して、彼は生涯にわたってこの流血事件に心を傷《いた》め続けたといわれている。

（玄武門の変で李世民が兄の太子建成・弟の元吉を逆に討ち取った六二六年の後）癸亥《きがい》、世民《せいみん》を立てて皇太子《こうたいし》と為す。又、詔《みことのり》して、自今《じこん》、軍国の庶事《しょじ》、大小と無く、悉《ことごと》く太子に委《ゆだ》ねて処決《しょけつ》し、然る後聞奏《のちぶんそう》せしむ。

臣光曰はく、嫡《てき》を立つるに長《ちょう》を以てするは、礼《れい》の正《せい》なり。然れども高祖《こうそ》の・天下を有《たも》てる所以《ゆえん》は、皆太宗《みなたいそう》の功《こう》なり。隠《いん》太子《たいし》、庸劣《ようれつ》を以て其右《そのみぎ》に居《お》る。地嫌《ちうたが》はれ勢迫《いきおいせま》る。必ず・相《あい》容《い》れじ。曏《さき》に高祖をして文王の明有《めいあ》り、隠太子をして、泰伯《たいはく》の賢《けん》有り。太宗をして、子臧《しぞう》の節《せつ》有らしめば、則ち乱何《らんなん》によりてか生ぜん。既《すで》に・然《しか》る能はず、太宗、始《はじ》め、其《そ》の先《ま》づ発《はっ》するを俟《ま》ち・然《しか》る後之《のちこれ》に応ぜんと欲す。此《かく》の如《ごと》くならば、則ち事《こと》、已《や》むを獲《う》るに非ず、猶ほ愈《まさ》れりと為すなり。既《すで》にして群下《ぐんか》の迫《せま》る所と為り、遂《つい》に血を禁門《きんもん》に蹀《ふ》み・刃《やいば》を同気《どうき》に推《お》し・譏《そしり》を千古《こ》に貽《のこ》すに至る。惜《お》しいかな。（以下略）

〔大意〕

（玄武門の変で、後の唐の太宗李世民が、兄の太子建成・弟の元吉を逆に討ち取った事変六二六年の後）、癸亥の年、父の高祖は、世民を皇太子として、以後、軍政国政の権限をすべて皇太子に委任して処決させ、その後、上奏すればよいと詔を下した。

司馬光の論賛に言う。長男を嫡子に立てるのは、正統な礼である。しかしながら、高祖が天下を保有できるようになったのは、みな太宗（世民）の功労に依るものである。亡き太子（建成）は庸劣*な資質なのに、その上位にいたのであるから、地位は疑われ勢力は押され、結局両者は共存できなかったのである。もしそれ以前に高祖に周の文王の聡明《そうめい》さがあり、亡き太子に泰伯（国を弟季歴に譲って去った）に賢明さがあり、太宗に子臧《しぞう》（曹国を辞退して受けなかった）の節義があったならば、乱の生ずるはずはなかった。しかし実際にはそのようにはできなかった。太宗は始め、相手方が仕掛けてくるのを待って然る後、これに対応して立とうとした。そのようにしたならば、事の成り行き上、やむを得ないということにもなって、弁解の余地があったのである。ところが実際には、群臣に迫られて、遂に宮中の玄武門で血を流し、同胞に刃を加え譏《そし》りを千載に残すことになってしまった。まことに惜しいことであった。（以下略）

---

* 庸劣
平凡で劣っていること

（十六）乱に戡《か》つに武を以てし、成を守るに文を以てす。文武の用、其時に随ふ

「貞観《じょうがん》」は、唐の太宗李世民の治世一代の元号である。太宗の治世を称えて「貞観の治《ち》」といい、後に呉兢《ごきょう》によって「貞観政要《せいよう》」という帝王学の名著が編纂される。名君李世民とその賢臣との間で交わされた政治問答を集めたものである。『貞観政要』と『資治通鑑』の名言・卓論がしばしば重なり合うのは、両者の出典が共に新・旧《く》の『唐書』（唐一代の歴史を叙述した正史）であったからにほかならない。

乱世に勝ち抜くためには、武断政治が、勝ち抜いて統一した天下を維持していくためには、文治政策が不可欠である。治乱の状況に応じて、文武の効用は変化する。その時々の状況、時に即応することを「時務」と言い、「時務を知るは、俊傑《しゅんけつ》に在り」とも言う。

（貞観《じょうがん》元年、〈中略〉丁亥《ていがい》、上《じょう》、群臣を宴《えん》し、秦王破陣楽《しんおうはちんがく》を奏《そう》す。）

上曰はく、『朕《ちん》、昔、委《い》を受けて専征《せんせい》し、民間遂《みんかんつい》に此曲《きょく》有

※以下、唐の太宗李世民の名言が続く

り、文徳の雍容《ようよう》たるに非ずと雖も、然も功業茲《こうぎょうこれ》に由りて成る。敢《あえ》て本《もと》を忘れず』と。封徳彝《ほうとくい》曰はく、『陛下、神武《しんぶ》を以て海内《かいだい》を平《たいら》ぐ。豈《あ》に文徳の比《ひ》するに足《た》らんや』と。上曰はく、『乱に戡《か》つに武を以てし、成《せい》を守るに文を以てす。文武の用、各々《おのおの》其時に随ふ。卿《けい》謂ふ、文は武に及ばずと。斯言過《げんあやま》てり』と。徳彝、頓首して謝す。

〔大意〕

（貞観元年・西紀六二七年丁亥《ていがい》、太宗は群臣と宴席を設け、その席で秦王破陳楽――太宗が未だ秦王だった頃、強敵劉武周を破った折、軍中で一緒に勝利を祝って作った楽曲――を演奏した。太宗は言う）。

「朕*は昔、高祖の委任を受け、国内の平定に専征したが、それを称《たた》えて民間にこの曲が生まれた。したがって文徳のやわらぐ曲ではなかったが、その国内平定の専征によって唐の天下統一が達成

＊朕　一人称。天子が自称として用いる

されたのであった。その初心を忘れないようにこの曲を奏したのだ」と。これに対して封徳彝《ほうとくい》が「陛下は神の如き武力を以て天下を平定されたのです。これに比すれば、お言葉にあった文徳のことなど問題になりません」と応答した。これに対して太宗は、「乱れていた天下を平定するには武力が必要であり、平定した天下を守り抜くには文徳が不可欠である。文・武それぞれの必要性は時に随って変わるものである」。卿は「文は武に及ばず」と言うが、この言は誤っているとたしなめた。封徳彝は、頭を下げて謝った。

（十七）創業と守成と孰れか難き

前項の封徳彝《ほうとくい》（尚書右僕射《しょうしょうぼくや》）、本項の房玄齢《ぼうげんれい》（尚書左僕射《さぼくや》・司空）、魏徴《ぎちょう》（諫議大夫・門下侍中）温彦博《おんげんぱく》（御史大夫）らは、名君太宗を補佐・諫言した賢相である。「貞観の治」は、このような名君・賢相あって初めて実現したのであった。

永くわが国でも親しまれてきた帝王学の古典『貞観政要』の中でも、白眉《はくび》とされる名問答である。房玄齢と魏徴の答えは、大きく二つに分かれる。これを裁いた太宗の発言がすばらしい。これからの時務は、「守成の難き」に当たることだ、と。これを聞いて房玄齢が、自分の意見を採られなかったのに、深く頷《うなず》いて、「四海の福《さいわい》なり」と太宗の覚悟を称賛しているのである。まさに名君賢相の問答というべきであろう。『資治通鑑』でも、この問答を取り上げているのである。

（貞観十二年甲寅）、上、侍臣に問ふ。『創業《そうぎょう》と守成《しゅせい》と孰《いず》れか難《かた》き』と。房玄齢《ぼげんれい》曰はく、『草昧《そうまい》の初、群雄と並《なら》び起《おこ》り、力を角《かく》して後之《のちこれ》を臣《しん》とす。創業難し』と。魏徴《ぎちょう》曰はく、『古《いにしえ》より帝王、之《これ》を艱難《かんなん》に得て之を安逸《あんいつ》に失はざるは莫《な》し。守成難し』と。上曰はく、『玄齢は、吾と共に天下を取り、百死を出でて一生を得。故に創業の難きを知る。徴は、吾と共に天下を安んじ、常に恐る、驕奢《きょうしゃ》は富貴《ふうき》に生じ、禍乱《からん》は忽《ゆるが》せにする所に生ずるを。故に守成の難きを知る。然れども創業の難きは、既《すで》に已《すで》に往《ゆ》きぬ。守成の難きは、方《まさ》に当《まさ》に諸公と与《とも》に之を慎《つつし》むべし』と。玄齢等《ら》拝して曰はく、『陛下、此言《このげん》に及ぶは、四海の福《さいわい》なり』と。

〈大意〉

（貞観十二年甲寅）太宗が侍臣に問うた。「創業と守成といずれが困難であろうか」と。左《さ》＊僕射《ぼくや》の房玄齢《ぼうげんれい》は答えた、「草昧《そうまい》の初め、群雄と並び起こり、力争して後に群雄を臣従させたのです。ですから創業の方が困難です」と。これに対し侍中の魏徴《ぎちょう》は答えた。

＊　僕射
官名。尚書省（行政を総括に中央官庁）の次官で、左右各一人。宰相として天子を補佐した

「古来、どの帝王もみな、艱難の中に国を得て安逸のために国を失わなかった例《ためし》はありませんでした。やはり守成の方が困難です」と。太宗は、二人の応答を聞いて言った、「玄齢は、わたしと一緒に天下の平定に苦労し、百死に一生を得てきた。だから創業の困難を知っている。徴は、わたしと共に天下の安定に苦労して、常に驕奢《きょうしゃ》は富貴から生じ、禍乱は油断から生ずることを心に恐れている。だから守成の困難を知っている。しかしもはや創業の困難の時代は既に去った。これからの守成の困難は、諸公と一緒に慎んで行かねばならない」と。玄齢らは拝して言った。「陛下が、この言葉に及ばれたことは、天下の幸福であります」と。

（十八）君子、人を用ふること器の如し

この項に見える太宗の人材登用論は見事である。封徳彝《ほうとくい》が恥《は》じて退いたのも、無理はなかろう。

ところで、わが国の江戸時代の中頃、荻生徂徠が、当時の支配体制に危機感を抱き、その本質的対策を八代将軍吉宗に建策したものが『政談』四巻であるが、その巻の三のほとんどの記述を「人事論」に費やしている。

その中に、本項の太宗の人材登用論に勝るとも劣らない人事論を展開している。

人材登用が興亡に関わるとする所論を展開する中で、人材がいないのではない。活かして使うことができるかどうかなのだという。「代々の前蹤《ぜんしょう》を見るに、亡ぶる代を見れば、その代には器量の人一人もなきよう也。然れども、その代を亡ぼして取りたる方の人は、やはりその亡びたる代の人なり。天よりふりたるにも非ず。また異国より来りたるにも非ず。やはりその亡びたる代の人なれども、その人の器量ある事を知らずして用いず。器量もなき人を用ふる故に、その代は亡ぶるなり。その代を亡ぼしたる方にては、その前代にすてたる人を、器量を知りてこれを用ゆる事ゆえ、遂には天下を知りたる事、歴代皆かくの如し。さればいずれの世にも器量ある人はある事也。ただ上にあると下にあるとの違いにて、器量ある人上

にあるを人ありと言い、下にあるを人なしと言う。その器量ある人の下に在る事いかなる事ぞというに、元来上たる人に人を選む心なき故なり。人をば相応に選めども、選みようのあしければ、おのずから人を選む心のこれなきにあたる也」。結局、人なしという事態は、人を選別できず、人事がまずいからだというのである。

（貞観元年　己亥　上、封徳彝《ほうとくい》をして賢《けん》を挙《あ》げしむ。久しくして・挙ぐる所無し。）

上《じょう》、之を詰《なじ》る。対《こた》へて曰はく、『心を尽くさざるに非ず。但だ今に於て未だ奇才《きさい》有らざればなるのみ』と。上曰はく、『君子《くんし》、人《ひと》を用《もち》ふること器《うつわ》の如く、各々長《おのおのちょう》ずる所を取る。古《いにしえ》の・治《ち》を致《いた》せる者は、豈《あ》に才《さい》を異代《いだい》に借《か》らんや。正《まさ》に・己《おのれ》の知る能はざるを患《うれ》ふ。安《いずく》んぞ一世《いっせい》の人を誣《し》ふ可けんや』と。徳彝慙ぢて退く。

〔大意〕
（貞観元年　己亥《きがい》）太宗は、封徳彝《ほうとくい》に命じて賢良の人物を推挙させた。久しい間、推挙される人物が無かった。太宗がこれを詰問したところ、徳彝は、「心を尽くして努力しなかったわけではありません。ただ現在では、奇才ともいうべき人物が存在しないのです」と奏上した。これに対して太宗は、「君子が人材を挙用するのは、あたかも器具を巧みに使用するように、各人の長所を活用するものである。古《いにしえ》の理想的な政治を実現した帝王は、他の時代から人材を借用したろうか。全くそうではない。卿は、（現在の世に人材が居ないというが、そんなはずはない）人材を発見できかったことを患《うれ》えなければならぬ。どうして現在の人びとをないがしろにしてよかろうか。（全く過っている）」徳彝は、恥じ入って、御前から退いた。

（十九）君は源なり、臣は流れなり

このような発想に立って、太宗自らが臣下に率先垂範しようとしている。君主が源であれば、これが澄めば、その下の流れである臣下も亦澄み、もし源である君主が濁れば、流れである臣下も亦濁る。「君自ら詐《いつわり》を為さば、何を以て臣下の直を責めんや」である。愚直にも見える太宗の至誠の姿勢が、名君の名君たるゆえんといえるであろう。

（貞観元年、壬申）上書《じょうしょ》して『佞臣《ねいしん》を去らん』と請《こ》ふ者有り。上、佞臣の誰たるかを問ふ。対《こた》へて曰はく、『臣、草沢《そうたく》に居り、其人《そのひと》を的知《てきち》する能はず。願《ねが》はくは陛下、群臣と言ひ、或《あるい》は陽《いつわ》り怒《いか》りて以て之を試《こころ》みよ。彼《か》の・理《り》を執《と》りて屈《くつ》せざる者は直臣《ちょくしん》なり。威《い》を畏《おそ》れて旨《むね》に順《したが》ふ者は佞臣なり』と。上曰はく、『君《きみ》は源《みなもと》なり、臣《しん》は流《ながれ》なり。其源を濁《にご》して其流の清きを求むるは、得可《うべ》からず。君自《みずか》ら詐《いつわり》を為さば、何を以て臣下の直《ちょく》を責《せ》めんや。朕《ちん》、方《まさ》に至誠《しせい》を以て天下を治《おさ》む。前世《ぜんせい》の帝王《ていおう》の、好みて権譎《けんけつ》小数《しょうすう》を以て其臣下に接する者を見、常に竊《ひそか》に之を恥《は》づ。卿《けい》の策《さく》、善《よ》しと雖も、朕、取らざるなり』と。

〈大意〉

（貞観元年、壬申）、「佞臣《ねいしん》*の臣下を退けてほしい」と奏請する者があった。太宗は、誰が佞臣なのかと反問した。これに答えて「自分は、田舎に居て、臣下の人を的確には知ることができません。願わくは、陛下が、群臣と話す際に怒ったそぶりを見せて試してみていただきたい。その人物が、自分の理を主張して陛下に屈しない者であれば直臣であり。威を畏《おそ》れて陛下の考えに順《したが》ってしまう者であれは佞臣である」と応答した。これを聞いて太宗は、「君主は源で臣下は流れである。その源の君主自身が詐《いつわ》りを為していては、どうして臣下の正直を求めることができようか。朕は、まさに至誠を以て政治に当たっている。前世の帝王の中で、

＊ 佞臣
口先うまくこびへつらう家来

権謀術数《けんぼうじゅつすう》を好んでその臣下に接している者を見て、これをひそかに恥じている。卿の策略が善いかも知れないが、朕はその策を採用したくはない」と語った。

（二十）良臣と為らしめよ。忠臣と為らしむる勿れ

諫臣魏徴《ぎちょう》の君臣論が述べられている。曰く君臣は一心同体、相互に誠意真心を尽くし合うべき間柄、互いにその証拠を必要とするようでは、国の興亡を危くする。君臣が共に心身一体であれば、証拠など全く不必要のはずだからである、と。太宗は、さすがに名君、即座に前言を撤回した。魏徴は、そのような名君に仕えるよろこびを述べ、加えて良臣・忠臣論を展開している。

良臣とは、帝舜《しゅん》に仕えた三賢臣、稷《しょく》は、農業を掌り、周の祖先となり、契《せつ》は、教育を掌り、殷（商）の祖先となった。皐陶《こうよう》も舜に仕え、法・刑・獄を掌った。共に聖帝・賢臣として国の尊栄を享受した。これを良臣とするというのである。

他方、龍逢《りようほう》・比干《ひかん》を忠臣とする。夏の賢臣龍逢は暴君桀《けつ》王を諫めて殺され、殷（商）の賢臣比干は、暴君、殷の紂《ちゅう》王の淫乱を諫めて三月去らず、紂王に誅殺《ちゅうさつ》された。いずれも、暴逆な君に対し面折廷争（面と向かって争い諫めた）したために、身は誅殺され、国も亡びてしまった。そのような悲劇の賢臣が、忠臣にほかならないとするのである。魏徴の願いは、良臣となること、忠臣とならないことであった。宜《む》べなるかなである。

或るひと告《つ》ぐ、『右丞《ゆうじょう》魏徴《ぎちょう》、其親戚《そのしんせき》に私《わたくし》す』と。上《じょう》、御史《ぎょし》大夫《たいふ》温彦博《おんげんばく》をして之を按《あん》ぜしむ。状無《じやうな》し。彦博、上に言つて曰はく、『徴、形迹《けいせき》を存せず、遠《とお》く嫌疑《けんぎ》を避《さ》く。心、私無しと雖も、亦、責《せ》む可《べ》き有り』と。上、彦博をして徴を譲《せ》めしめ、且《か》つ曰はく、『今より、宜《よろ》しく形迹を存《そん》すべし』と。它日《たじつ》、徴入り見《み》え、上に言つて曰はく、『臣《しん》聞く、君臣は体《たい》を同《おな》じくす。宜《よろ》しく相与《あいとも》に誠《まこと》を尽《つく》すべしと。若《も》し上下《しょうか》倶《とも》に形迹を存《そん》せば、則ち国の興喪《こうそう》、尚《な》ほ未《いま》だ知る可《べ》からず。臣敢《あえ》て詔《みことのり》を奉《ほう》ぜず』と。上、瞿然《くぜん》として曰はく、『吾已《すで》に之《これ》を悔《く》ゆ』と。徴・再拝《さいはい》して曰はく、『臣幸《さいわい》に陛下に奉事《ほうじ》するを得たり。願はくは臣をして良臣《りょうしん》と為《な》らしめよ。忠臣《ちゅうしん》と為らしむる勿《なか》れ』と。上曰はく、『忠と良とは以て異《こと》なる有るか』と。対《こた》へて曰はく、『稷《しょく》・契《せつ》・皐陶は、君臣、心を協《あ》はせ、倶《とも》に尊栄を享《う》く。所謂《いわゆる》良臣なり。龍逢・比干は、面折廷争《めんせつていそう》し、身誅《みちゅう》せられ国亡《ほろ》ぶ。所謂忠臣なり』と。上悦《よろこ》び、絹《きぬ》五百匹《ぴき》を賜《たま》ふ。

〈大意〉

右丞相の魏徴《ぎちょう》が、その親戚に私的な便宜をはかったと告発する者があった。そこで帝は、御史大夫*の温彦博《おんげんぱく》に調査させたが、その事情は無く無実であった。温彦博が、帝に報告していうには、「魏徴には、その形迹となる証拠が残っていない。遠く嫌疑を避けている。私心が無いといっても、やはり、責任がある」と。帝は、温彦博に魏徴を責めさせて、更に「今より、形迹となる証拠を残すよう」と言わせた。

後日、魏徴が宮中に参内《さんだい》して、帝に言上して「君臣は一心同体であり、相与*に誠を尽くし合わなければならないと聞いております。もし君臣共に形迹証拠を必要とするようでは、国の興廃も不確かになってしまうでしょう。臣は敢てこの詔を奉じません」と。帝は、驚き恥じて「わたしも已に前言を悔いている」と告白した。

＊ 御史大夫
官吏を観察しその不正を裁き下す官

＊ 相与
相互に。相共に

魏徴は、再拝して「臣は幸に、陛下に奉事することが出来ました。願わくは臣を良臣とさせて頂きたい。忠臣とは為《な》らせないで欲しい」と言上した。帝が忠臣と良臣とは異なるのかと問うた。この問いに魏徴は、「堯・舜の時代の臣、*稷《しょく》と*契《せつ》や皐陶《こうよう》は、名君名臣、心を一つにして協力して国の尊栄を享受しました。これがいわゆる良臣であります。これに対して、夏《か》の桀《けつ》王や殷《いん》の紂《ちゅう》王の暴逆な政治に向かって、面と向かって争い諫めた忠告のために、身は誅殺《ちゅうさつ》され、国も亡びてしまった龍逢《りようほう》や比干《ひかん》は、いわゆる忠臣にほかなりません」と答《こた》えた。帝は、この応答に悦《よろこ》んで、絹五百匹の褒賞を賜った。

＊稷　農業をつかさどる

＊契　教育をつかさどる

（二十二）君、自ら其過を知らんと欲すれば、必ず忠臣を待つ

東洋の中央集権的統一帝国の専制君主は、強大な政治権力と精神的権威とも一身に集めていた。それだけに、状況判断と決断に過ちが生ずると、計り知れない弊害をもたらした。そこで、その過ちを諫める忠臣の忠言・忠告を必要としたのである。

『孔子家語《けご》』に見える、次の教戒が早くから世に定着したゆえんである。

孔子曰く、「良薬は口に苦けれども、病に利あり。忠言は耳に逆へども、行いに利あり」。名君といわれた帝王は、皆、「忠言逆耳」に耳を傾けたのであった。

上、神采英毅《しんさいえいき》にして、群臣の進見《しんけん》する者、皆、挙措《きょそ》を失《しっ》す。上、之を知り、人が事を奏《そう》するを見る毎《ごと》に、必ず仮《か》すに辞《じ》色《しょく》を以てし、規諫《きかん》を聞かんことを冀《こいねが》ふ。嘗《かつ》て公卿《こうけい》に謂つて曰はく、『人、自《みずか》ら其形《そのかたち》を見んと欲《ほっ》すれば、必ず明鏡《めいきょう》に資《よ》る。君《きみ》、自《みずか》ら其過《そのあやまち》を知らんと欲すれば、必ず忠臣《ちゅうしん》を待つ。苟《いやし》く

も其君《そのきみ》、諫《いさめ》に愎《もと》りて自ら賢《けん》とし、其臣、阿諛《あゆ》して旨《むね》に順《したが》ひ、君既に国を失《うしな》はば、臣豈《あ》に能く独り全《まった》からんや。虞世基等《ぐせいきら》の如き、煬帝《ようだい》に諂事《てんじ》し、以て富貴を保ち、煬帝既に弑《しい》せられ、世基等も亦誅《またちゅう》せらる。公《こう》が輩《ともがら》、宜《よろ》しく此《これ》を用《もっ》て戒《いましめ》と為すべし。事に得失《とくしつ》有らば、言《げん》を尽《つく》すを惜《おし》む勿《なか》れ』と。

〔大意〕

帝（太宗）は、けだかい風采の上に才能はすぐれ意志も強かったので、多くの臣下が御前に進み出て謁見する際、皆、緊張のあまり、立ち居振る舞いもとり乱してしまうほどだった。帝は、これに気付いて臣下の者が、事を奏上のため謁見しようとする場合には、必ず、言葉も顔色も温和によそおって、臣下の正しい諫言*を聞きたいと心から願った。

かつて公卿たちに語りかけて言うには、「人は、自分の容姿を見ようと思えば、必ず良い鏡に映して見るように、君主みずから

＊ 諫言　いましめの忠言

自分の過ちを知りたいと思えば、必ず忠臣の忠言を必要とする。仮にも、その君主が臣下の諫言を受け入れず、自分を賢いと思い、その臣下も、おもねりへつらって主君の考えに従順になって、その結果、君主が国を亡失してしまえば、臣下だけが安全ということはあり得ない。亡びてしまった隋代の臣下の虞世基らのように、暴君の煬帝《ようだい》におもねりへつらって仕え、富貴となったが、煬帝が臣下に弑《しい》され、世基らも亦誅殺されてしまった。諸卿も、どうかこの前例を戒めとして欲しい。君主たる自分に過失が有ったならば、惜しまず忠言を尽くして欲しい」と。

（二十二）人と利を同じくせしが故なり

昔、黄河の治水に尽力して、帝舜から位を禅譲された禹《う》と秦の始皇帝と対比して、その得失を論じている。両者共に大土木事業の為に人民を動員したが、禹が、黄河の治水を図り人民の為に尽力したのに対し、始皇帝は、壮麗な宮殿を造営して己の欲望をほしいままにした。前者の禹は、人民の利益の為にし、後者の始皇帝は、もっぱら自分の欲望の為にしたのである。人民は、人民の利益の為に大土木工事を進めた禹には、賛同協力を惜しまなかったが、己の為にした始皇帝には、終《つい》には反乱を起こしたのである。

上、公卿《こうけい》に謂って曰はく、『昔、禹《う》、山を鑿《うが》ち水を治め、而して民に謗讟《ぼうとく》する者無かりしは、人と利を同じくせしが故なり。秦《しん》の始皇《しこう》、宮室《きゅうしつ》を営《いとな》み、而して人怨《うら》み叛《そむ》きしは、人を病《や》ましめて以て己《おのれ》を利《り》せしが故《ゆえ》なり。夫《そ》れ靡麗珍奇《びれいちんき》は、固《もと》より人の欲する所なり。若し之を縦《ほしいまま》にして・已《や》まずんば、則ち危亡《きぼう》立《た》ちどころに至らん。朕《ちん》、一殿《でん》を営《いとな》まんと欲し、材《ざい》用已《ようすで》に具《そな》はれども、秦に鑒《かんが》みて止《や》みぬ。王公已下《おうこういか》、宜《よろ》しく朕が此意《このい》を体《たい》すべし』と。是《これ》に由《よ》りて、二十年間、風俗素朴《ふうぞくそぼく》にして、衣《ころも》に錦繡《きんしゅう》無く、公私《こうし》富給《ふきゅう》す。

〔大意〕

帝が、公卿に対して言うには、「昔、禹《う》が、山をうがち水を治める大土木工事を行ったが、人民にこれを譏《そし》り怨む者がなかったのは、君主と人民とが利を同じくしたからである。これに対して秦の始皇帝が宮殿を造営して、人民が怨み叛《そむ》いたのは、人民を苦しめて君主の利を求めたからにほかならない。だいたい壮麗な宮殿や珍奇な財宝は、もとより人の欲する所である。もし君主がこれをほしいままにして抑制しないとすれば、国の危急存亡の事態がすぐに到来するだろう。わたしは、宮殿を造営しようと思って、その材用もすでに準備ができているが、それによって亡びた秦を鑑戒《かんかい》として中止することにした。王公以下の諸卿も、このわたしの意向を体して政に当たってもらいたい」と。このことによって以来二十年間、唐の風俗は素朴となって、衣服に錦繍《きんしゅう》を用いることもなく、そのため公私共に生活が豊かになったのである。

＊鑑戒
戒めとすること
＊錦繍
錦と刺繍をした織物

(二十三) 西域の賈胡、美珠を得れば、身を剖きて……

天与の唯一無二のわが身の大切さと珠玉や金銭や奢侈《しやし》等の外物の大切さとを取り違える愚かさを対比する問答である。

後半は、これを承けて、引っ越しの際、家財道具を運んだが、その妻を置き忘れた話や、奢侈の為、その身を亡ぼした桀・紂の例を挙げて、わが身のかけがえの無さと財宝・奢侈との優先順位、緩急軽重を問う議論を取り上げて、太宗と侍臣の問答の結びとしている。

賈《か》と商…行商人を「商」というのに対し、店を持つ商人を「賈」といった。
桀《けつ》と紂《ちゅう》…禹を始祖とする夏王朝最後の桀と湯王を始祖とする殷王朝の最後の紂王とは、古来、暴逆な政治によって国を亡ぼし身を亡ぼした暴君の典型として、しばしば取り上げられるので、ここで注釈しておいた。

上、侍臣《じしん》に謂《い》つて曰《い》はく、『吾《われ》聞く、西域《せいいき》の賈胡《ここ》、美珠《びしゅ》を得れば、身《み》を剖《さ》きて以て之を蔵《ぞう》すと。諸《これ》有りや』と。侍臣曰はく、『之れ有り』と。上曰はく、『人、皆、彼が珠《しゅ》を愛《あい》すれども其身《そのみ》を愛せざるを知る。吏《り》の・賕《まいない》を受けて法に抵《いた》ると、帝王の・奢欲《しゃよく》に徇《したが》ひて国を亡ぼす者と、何を以て彼胡《かのこ》の笑ふ可きに異《こと》ならんや』と。魏徴曰はく、『昔、魯《ろ》の哀公《あいこう》、孔子に謂つて曰はく、「人、好《よ》く忘《わす》るる者《もの》有り。宅《たく》を徙《うつ》して其妻《そのつま》を忘る」と。孔子曰はく、「又、甚《はなは》だしき者《もの》有り。桀紂《けつちゅう》は乃《すなわ》ち其身《そのみ》を忘る」と。亦猶ほ是《かく》のごときなり』と。上曰はく『然り。朕、公が輩《ともがら》と、宜《よろ》しく、力を戮《あわ》せて相輔《あいたす》くべし。庶《こいねが》はくは人の笑ふ所と為るを免《まぬか》れん』と。

〔大意〕

帝が、侍臣に問うて言うには、「わたしは、西域の胡人*の商人は、美しい珠玉を得ると、自分の体を切り開いてその珠玉を体の中にしまい隠すと聞いているが、そんなことが本当に有るのだろうか」と。侍臣がこれに答えて『それが有るのです』と。これを

＊ 胡人
胡の人。古代、中国北方・西方の異民族の人をいう

聞いて、帝が言うには、『人は皆、彼が珠玉を愛して自分の体を愛していないことを知って笑っているが、官吏が賄賂《わいろ》を受けて法に触れる事例や、帝王が奢侈《しゃし》に依って国を亡ぼす場合等、どうしてあの笑われている胡人の商人と異なるといえようか。全く異なっていないのである』。

この語に応じて魏徴が『昔、魯の哀公が孔子に「よく忘れる人がいて、家を引っ越した時、その妻を忘れてしまった」と言ったのを受けて、孔子が『ほかにもそれより甚だしい例がある。暴君だった夏《か》の桀《けつ》王や殷《いん》の紂《ちゅう》王は、妻どころか自分自身を忘れてしまった』と応じた。これと全く同じことです」と答えた。帝は、「そのとおりだ。わたしは、諸公と協力して輔《たす》け合って、人に笑われないよう心から願っている」と言った。

（二十四）人主、何を為せば明かに、何を為せば暗き

この問答は、『貞観政要《じょうがんせいよう》』の第一章ともいうべき「君道・政体」つまり治世の要諦《ようてい》の中に、そのまま引用されている。

明君と暗君の違いを区別する要諦を尋ねたのである。聡明《そうめい》な君主と暗愚な君主との違いはどこにあるのか。東洋の中央集権的専制君主の在り方が、そのまま、国家の盛衰、治乱興亡に関わっている状況においては、この問題は、まさに治世の要諦にほかならなかったのである。『資治通鑑』と『貞観政要』の両者が、同一の問答を取り上げている、「帝王学」の核心たるゆえんであろう。

胡亥《こがい》は、秦帝国の二世皇帝（西暦前二〇九年～二〇七年）。趙高《ちょうこう》は、宦官《かんがん》で側近中の側近。始皇帝が東方巡視中、病死したとき、趙高は、宰相の李斯《りし》と組んで始皇の遺命といつわり、胡亥を擁立《ようりつ》して実権を掌握《しょうあく》、胡亥はやがて趙高によって自害に追い込まれ、秦帝国は、そのまま崩壊していく。

梁《りょう》の武帝（在位西紀五〇二年～五四九年）は、王朝がめまぐるしく交替した南北朝時代の梁の創立者、朱异《しゅい》は、その側臣。武帝は、当時としては寛仁な君主として知られ、治世の前半

は、治世よろしきを得て、南北朝文化の黄金時代を築いたが、治世の後半には、流行の仏教に傾倒し、国政を側近の朱异に委任した。朱异は、苦学力行の士で、政治的手腕にも富んでいたが、梁に降伏を願ってきた北魏の将軍侯景《こうけい》に対する処置を誤って、侯景の怒りを買い、梁滅亡の原因をつくった。

隋帝国の第二代の煬帝《ようだい》は、暴君であったが第一の側近であった虞世基《ぐせいき》は、諫止《かんし》を諦め、唯諾《いだく》して、帝の意に逆らわなかった。このため帝の寵愛を得たが、煬帝が宇文化及《うぶんかきゅう》の手にかかったとき、かれも殺害された。

上《じょう》、魏徴《ぎちょう》に問《と》うて曰はく、『人主《じんしゅ》、何を為せば明《あきら》かに、何を為せば暗《くら》き』と。対《こた》へて曰はく、『兼聴《けんちょう》すれば則ち明かに、偏信《へんしん》すれば則ち暗し。昔、尭《ぎょう》、下民《かみん》に清問《せいもん》す。故に有苗《ゆうびょう》の悪《あく》、以て上聞《じょうぶん》するを得たり。舜、四目《もく》を明かにし、四聡《そう》を達《たっ》す。故に共《きょう》・鯀《こん》・驩兜《かんとう》、蔽《おお》ふ能《あた》はざりしなり。秦の二世、趙高を偏信し、以て望夷《ぼうい》の禍《わざわい》を成し、梁の武帝、朱异を偏信し、以て台城《だいじょう》の辱《はずかし》めを取り、隋《ずい》の煬帝、虞世基を偏信し、以て彭城閣《ほうじょうかく》の変《へん》を致《いた》せり。是故《このゆえ》に、人君兼《か》ね聴《き》き広く納《い》るれば、則ち貴臣《きしん》、擁蔽《ようへい》するを得ずして、下情《かじょう》、以て上《かみ》に通《つう》ずるを得るなり』と。上曰はく、『善し』と。

〔大意〕

帝が、魏徴《ぎちょう》に問うて言うには、「君主はどうすれば明君となり、暗君となるのか」と。これに答えて言うには、「広く臣下の進言に耳を傾ければ明君となり、特定の臣下の言葉だけしか信じなければ、暗君となります。昔の聖天子、尭は、真心から下民に問いました。ですから*有苗の征伐すべき情報を得ることができました。舜帝もまた、四方の民事を見る眼識を養い、広く四方万民に聞いて不明のことのないよう努めたので、*共工《きょうこう》や鯀《こん》や驩兜《かんとう》の悪だくみも蔽いかくせませんでした。これに対して、秦の二世皇帝胡亥は宦官の趙高だけを信頼して他の臣下の言を退け、望夷宮《ぼういきゅう》で弑《しい》殺《さつ》されました。梁の武帝もまた、側近の朱异《しゅい》だけを信頼した結果、

＊ 有苗
南方の蛮族、三苗

＊ 共工
中国の神話にみえる洪水神

将軍候景が反乱の兵をあげて王宮を包囲しても知らず辱められ、隋の煬帝も、側近の虞世基の言うことだけを信じた結果、彭城閣の変に到ったのです。ですから、君主が広く臣下の進言に耳を傾けこれを受け入れれば、高官たちも、蔽《かく》すことが出来ず、下じもの動きを知ることができるのです」と。帝は、その言を善しとした。

（二十五）己を虚しくして以て人を受くべし

前掲の荻生徂徠《おぎゅうそらい》の『政談』巻の三に曰く、「上より才智を出せば、下の才智は出ぬ物也。……下と才智争いになる故に、上の威光におされて下の才智は引っこむなり。上たる人、下と才智を争うは、これ上たる人おとなしき心なくて、若輩なる事なり。上はまげて下を育つるは、上たる人の無智なるにあらず。されば大臣たる人は、わが才智を出して下と才智争いをするは、以ての外《ほか》の僻事《ひがごと》也。総じて上たる人には得手なる筋あるも嫌う事なり」と。況《いわ》んや帝王においてをや、であろう。博学な徂徠は、本項も亦、読んでいたのであろう。

上《じょう》、侍臣に謂って曰はく、『朕、隋の煬帝集を観《み》るに、文《ぶん》辞《じ》・奥博《おうはく》なり。亦、是れ尭舜にして桀紂に非ざるを知る。然るに行事《こうじ》は何ぞ其れ反《はん》するや』と。魏徴対へて曰はく、『人君、聖哲《せいてつ》なりと雖《いえど》も、猶《な》ほ当《まさ》に己《おのれ》を虚《むな》しくして以て人《ひと》を受《う》くべし。故《ゆえ》に智者《ちしゃ》は其謀《そのはかりごと》を献《けん》じ、勇者《ゆうしゃ》は其力《そのちから》を竭《つく》す。煬帝、其俊才《しゅんさい》を恃《たの》み、驕矜《きょうきょう》にして自《みずか》ら用《もち》ふ。故に口《くち》には尭舜の言《げん》を誦《しょう》し、而《しか》して身《み》には桀紂の行《おこない》を為《な》し、曾《かつ》て自ら知らず、以て覆亡《ふくぼう》に至れるなり』と。上曰はく、『前事《ぜんじ》、遠からず、吾が属《ともがら》の師《し》なり』と。

〔大意〕

帝が侍臣に対して言うには、「わたしが隋の煬帝の文集を読んでみたところ、その文辞は奥深く該博で優れている。この文集を見ると古の聖天子の尭帝・舜帝のものであって、暴君として弑《しい》された夏の桀や殷の紂のものではないと言える。ところが煬帝の行為は全くそれとは反対であった」と。魏徴がこれに答えて言上するには、「人君たる者は、聖人哲人のように優れていたとしても、虚心に己を虚しうして臣下の献言を待ちこれを受納すべきである。そうすれば、臣下の智者は、その深い謀《はかりごと》を献上し、臣下の勇者は、その強い力を尽くすのである。ところが煬帝は、自分の俊才を恃《たの》み、驕《おご》りたかぶって、自分の判断のみを重んじて、臣下の献言に耳を傾けなかった。だからこそ、その文辞において尭・舜の言を誦しながら、しかも、躬《みずか》ら桀・紂の行為をしていて、自分では、それが判らず。その結果、滅亡に至ったのであります」と。帝は
「煬帝の言行の前例は、遠い昔のことではなく最近のことである。われわれは、これを反面教師として学ばなければならない」と言った。

（二十六）乱を経るの民は愁苦す。愁苦すれば則ち化し易し

三代以還、人漸《ようや》く澆訛《ぎょうか》なり――尚古主義と末法思想――

「三代」――東洋の歴史観では、上古の夏、殷、周の三代の王朝は、理想の聖代と見做《みな》されている。古い時代を理想の時代として、次代に堕落していくと見做す歴史観を、一般に「尚古思想・尚古主義」という。

仏教における「末法思想」も、この尚古思想の典型と見ることができる。仏陀の滅後、仏陀の教えが正しく伝わった「正法」の時代が続き、やがてその正しい精神・内容がすたれて、形式のみの時代となる。これが「像法」の時代であり、更に時代が下ると、その形式さえも失われて、仏陀の教えの内容も形式も共に失われた時代を迎える。これが「末法」の時代であるとするものである。

「澆季」「澆訛」――理想の「三代」から、時代が経過するに従って、堕落が続き、やがて「澆季」と呼ばれる時代になってゆく。「澆季」とは、人情薄く世の乱れた末の世、道徳・風俗の軽薄になった時代、つまり、滅亡に近い世、末世をいう。「澆訛」とは、澆季になって、軽薄でまことがなくなった状態を言う。

上の初めて位《くらい》に即《つ》くや、嘗《かつ》て群臣と語りて教化《きょうか》に及ぶ。上曰はく、『今、大乱《たいらん》の後《のち》を承《う》く。恐らくは斯民《このたみ》未《いま》だ化し易《やす》からざらん』と。魏徴対へて曰はく、『然《しか》らず。久《ひさ》しく安《やす》きの民《たみ》は驕佚《きょういつ》なり。驕佚なれば則ち教《おし》へ難し。乱を経《へ》るの民は愁苦《しゅうく》す。愁苦すれば則ち化し易し。譬《たと》へば猶ほ飢《う》うる者は食《しょく》を為し易く、渇《かっ》する者は飲《いん》を為し易きがごときなり』と。上、深く之《これ》を然《しか》りとす。

封徳彝《ほうとくい》、之《これ》を非《ひ》として曰はく、『三代以還《いかん》、人漸《ようや》く澆訛《ぎょうか》なり。故に秦は法律に任《にん》じ、漢《かん》は覇道《はどう》を雑《まじ》ふ。蓋《けだ》し化せんと欲すれども能《あた》はざるなり。豈《あ》に之を能《よ》くすれども欲せざるならんや。魏徴は書生《しょせい》にして、未だ時務《じむ》を識《し》らず。若《も》し其虚論《きょろん》を信ぜば、必ず国家を敗《やぶ》らん』と。徴曰はく、『五帝《てい》三王《おう》は、民を易《か》へずして化す。昔、黄帝《こうてい》、蚩尤《しゆう》を征《せい》し、顓頊《せんぎょく》、九黎《きゅうれい》を誅《ちゅう》し、湯《とう》、桀を放《はな》ち、武王《ぶおう》、紂を伐《う》ち、皆《みな》能く身《み》、太平《たいへい》を致《いた》せり。豈に大乱の後を承くるに非ずや。若《も》し古人《こじん》は淳朴《じゅんぼく》にして漸く澆訛に至ると謂はば、則ち今日に至りては、当《まさ》に悉《ことごと》く化して鬼魅《きび》と為《な》るべし。人主安《いずく》んぞ得て之を治めん』と。上、卒《つい》に徴の言に従《したが》ふ。

〈大意〉

帝が位に即いた当初、群臣との論議が、人民の教化に及んだことがあった。帝が言うには、「隋末の大乱の直後の今日、人民の教化は、さぞかし困難なのではなかろうか」と。これに魏徴《ぎちょう》が答えて言うには、「そのようなことはありません。だいたい、平安な政治の続いた世の人民は、それに慣れてしまって驕佚《きょういつ》*になるものです。驕佚であれば、これを教化することは困難です。これに対して、乱世を経た人民は愁苦を経験して知っています。愁苦を知る人民こそ教化し易《やす》いのです。これを譬えていえば、（孟子の言にあるように）飢えた者は、なんでもよく食べるものだし、渇《かつ》した者は、飲み物を選ばず、なんでもよく飲むようなものであ

＊ 驕佚　おごって遊びなまける

る」と。帝は、この魏徴の考えに深く頷《うなず》いた。

これに対して封徳彝《ほうとくい》は、この考えを否定していうには、「夏・殷・周三代の聖代以来、時を経て人民は、次第に軽薄になり、いつわり多い風潮になった。このため、秦は法治主義を用い、漢は、力による政治もまじえざるをえなかった。おそらく教化しようとしても、不可能であったからであろう。どうして可能なのに教化しようとしないなどということがあろうか。魏徴は、学者であって、この時代にあって何を為すべきかという時務を識《し》らないのである。もし、彼の机上の空論を信じたとすれば、必ず国政は失敗するであろう」と。これに対して魏徴が反論する。「古の聖天子五帝三王は、同じ人民を教化したのである。昔、五帝の一人黄帝は、暴虐だった蚩尤《しゆう》を征して殺し、同じく顓頊《せんぎょく》は、徳を乱した九黎《きゅうれい》を誅殺した。殷《いん》の湯《とう》王は、暴虐だった夏《か》の桀《けつ》王を南巣《なんそう》に放逐し、周の武王は、暴虐な殷《いん》の紂《ちゅう》王を牧野《ぼくや》に討伐した。こうして皆、自ら天下の太平を招来したのである。いずれも大乱の後を承《う》けてのことであったではないか。もし、封徳彝の説のように、古人は淳朴であったが、時代が経ると次第に、軽薄になり、いつわり多い風潮になるとすれば、今日に至っては、人民は、皆、妖怪のようになってしまっているはずである。これでは、人君はどうして統治し得ようか」と。この論争を聴いて、帝は、やはり魏徴の言に従った。

（二十七）才行兼ね備はるに非ざれば、用ふ可からざるなり

乱世か治世か、有事の際か無事の折か、それぞれの時代状況によって、人材登用の原則も変わる。その時代状況を「時勢」といい、それぞれの時勢に適切な政策判断することを「時務」という。こうして「時務を知るは俊傑に在り」という賛辞も生まれる。諸葛孔明を称賛した言葉として知られている。

ここに展開される魏徴の議論も亦、乱世と治世によって人材登用の原則が変化する事を踏まえている。

上、魏徴《ぎちょう》に謂って曰はく、『官の為めに人を択《えら》ぶは、造次《ぞうじ》にす可からず。一の君子《くんし》を用《もち》ふれば、則ち君子皆至《みないた》り、一の小人《しょうじん》を用ふれば、則ち小人競ひ進《すす》む』と。対へて曰はく、『然り。天下未だ定まらざれば、則ち専《もっぱ》ら其才《そのさい》を取り、其行《おこない》を考へず。喪乱《そうらん》既に平《たいら》げば、則ち才行兼《さいこうか》ね備《そな》はるに非ざ

れば、用ふ可からざるなり』と。

〔大意〕

帝が魏徴《ぎちょう》に語りかけて言うには、「国の官僚の登用のために人物を選択するに当たっては、急いではならないものだ。一人の君子（徳行が才能に勝る人物）を登用すれば、それを見て、君子人がみな集まって来るし、一人の小人（才能が徳行に勝る人物）を登用すれば、それを見て、小人が競って集まって来るものだからである」と。これに賛同して魏徴も答えて言う。「全くお言葉のとおりだと存じます。天下が未だ安定していない場合には、もっぱら才能ある人物を登用して、その徳行を考慮しないものですが、争乱が平定した後の官僚の登用に当たっては、才能・徳行兼備した人物でなければ、登用してはならないと存じます」と。

（二十八）魏徴も初めは太子建成の謀臣であった

魏徴《ぎちょう》なくして名君太宗もなく、貞観の治もなかったといわれる諫臣、魏徴も、初めは、太子建成に仕え、その謀臣として、名声日にあがる弟の世民（太宗）の失脚をはかっていた。玄武門の変で建成は敗れ、魏徴は世民（太宗）の前にひきすえられた。「汝、何為《なんす》れぞ我が兄弟《けいてい》を離間せる」との詰問に、魏徴はいささかも悪びれず、従容《しょうよう》として答えた。「亡き太子が、初めから自分の勧告（弟世民を討てという）に従っていたならば、今日の禍を招かなかったであろうに」と。

この亡き先君への忠節を貫こうとする魏徴の態度に接し、太宗は、かねてからその人物を評価していたこともあって、魏徴を礼節を以て処遇し、直ちに側近として登用したのである。

この名君あって、この賢臣あり、である。

初め洗馬《せんば》魏徴《ぎちょう》、常に太子建成《けんせい》に・早く秦王を除《のぞ》かんことを勧《すす》む。建成敗《やぶ》るるに及び、世民《せいみん》、徴を召し、謂つて曰はく、『汝《なんじ》、何為《なんす》れぞ我が兄弟《けいてい》を離間《りかん》せる』と。衆《しゅう》、之が為めに危《あやぶ》

み懼《おそ》る。徴、挙止自若《きょしじじゃく》として対へて曰はく、『先太子《せんたいし》、早く徴が言に従《したが》ひしならば、必ず今日の禍《わざわい》無かりしならん』と。世民、素《もと》より其才を重んず。容《かたち》を改めて之を礼《れい》し、引きて詹《せん》事主簿《じしゅぼ》と為す。

〈大意〉
魏徴《ぎちょう》は初め、太子建成の洗馬*として仕え、その謀臣として、名声日にあがる弟の秦王（後の太宗李世民）の失脚・排除を太子に勧告していた。ところが玄武門《げんぶもん》の変で、太子建成が敗北し、魏徴は、勝利した世民（太宗）に召喚され、「お前は、なぜ我が兄弟を離間させたのか」と責問《せきもん》された。そこに居合わせた人びとは皆、どうなることかと懸念し心配した。ところが当の魏徴は、泰然自若《たいぜんじじゃく》として答えて言う。「先太子がもし、初めから自分の勧告に従っていたならば、必ずや今日の禍を招くことはなかったであろう」と。世民は、もともと魏徴の才徳人物を重視していたので、

＊洗馬
太子外出時の先駆をする役

この一言を聞いて、改めて魏徴を礼遇し、側近の詹事主簿《せんじ》として召し抱えた。

＊　詹事主簿

官名。東宮内外の庶務を総覧した

（二十九）主明なれば臣直なり

この項は、『貞観政要《じょうがんせいよう》』でも取り上げている。いずれも、太宗の皇后、文徳皇后の内助の功を称賛してやまない。名君には必ず賢臣の補佐があるように、賢明な皇后の内助の功が伴っている。この文章は、その両者を同時に論ずる名文なので、全文を掲げてある。

公主と長公主……皇帝の娘を公主といい、皇帝の姉妹を長公主と呼ぶ。姉妹に長の字を加えているのは、娘である公主よりも尊んでいるからである。魏徴の諫言は、このことを踏まえている。

「貞観の治《ち》」は、このような賢臣の補佐と賢夫人の内助の功が不可欠であった。名君太宗も、そのことを深く心に止めており、魏徴が逝去したときは、自分の行いを匡《ただ》す明鏡を失ったと嘆き（三鑑の訓《おし》え）、文徳皇后が三十六歳の若さで崩御したとき、「一良佐」（佐は補佐役）を失ったと歎き悲しんでいる。

長楽公主《ちょうらくこうしゅ》、将《まさ》に出《い》で降《くだ》らんとす。上、公主は皇后の生む所なるを以て、特に之を愛す。有司《ゆうし》に勅《ちょく》し、資送《しそう》、永嘉長《えいかちょう》公主に倍《ばい》せしむ。魏徴諫《いさ》めて曰はく、『昔、漢の明帝《めいてい》、皇子《こうし》を封《ほう》ぜんと欲し、曰はく、「我が子豈《あ》に先帝《せんてい》の子と比《ひ》するを得《え》んや」と。皆、楚《そ》・淮陽《わいよう》に半《なかば》せしむ。今、公主を資送《しそう》すること、長主に倍するは、明帝の意に異なる無きを得んや』と。上、其言《そのげん》を然《しか》りとし、入《い》りて皇后に告《つ》ぐ。后・歎《たん》じて曰はく、『妾《しょう》、亟々《しばしば》陛下が魏徴を称重《しょうちょう》するを聞けども、其故《ゆえ》を知らざりき。今、其の礼義を引きて以て人主《じんしゅ》の情《じょう》を抑《おさ》ふるを観《み》、乃《すなわ》ち真《しん》に社稷《しゃしょく》の臣《しん》なるを知るなり。妾、陛下と、結髪《けっぱつ》して夫婦と為《な》り、曲《つぶさ》に恩礼《おんれい》を承《う》くれども、言《い》ふ毎《ごと》に必ず先づ顔色《がんしょく》を候《うかが》ひ、敢《あえ》て軽々《かるがる》しく威厳《いげん》を犯《おか》さず。況《いわ》んや人臣《じんしん》の疎遠《そえん》なるを以て乃《すなわ》ち能く抗言《こうげん》する是《かく》の如きをや。陛下、従《したが》はざる可《べ》からず』と。因つて請うて中使《ちゅうし》を遣《つか》はし、銭《ぜに》四百緡《びん》・絹《きぬ》四百匹《ぴき》を齎《もたら》し、以て徴に賜《たま》ひ、且《か》つ之《これ》に語《かた》りて曰はく、『公の正《せい》直《ちょく》を聞く。乃ち今《いま》之を見る。故に以て相賞《あいしょう》す。公宜《よろ》しく常《つね》に此心《このこころ》を秉《と》るべし。転移《てんい》する勿《なか》れ』と。上嘗《かつ》て朝を罷《や》め、怒《いか》りて曰はく、『会《かなら》ず、須《すべから》く此田舎翁《このでんしゃおう》を殺《ころ》すべし』と。后、誰たるかを問ふ。上曰はく、『魏徴、毎《つね》に我を廷辱《ていじょく》す』と。后退《しりぞ》きて朝服《ちょうふく》を具《ぐ》して庭《てい》に立《た》つ。上驚《おどろ》き、其故《そのゆえ》を問《と》ふ。后曰はく、『妾聞《しょうき》く、主明《しゅめい》なれば臣直《しんちょく》なりと。今、魏徴が直なるは、陛下の明なるに由《よ》るが故なり。妾敢《あえ》て賀《が》せざらんや』と。上乃ち悦ぶ。

〔大意〕

長楽公主（皇女）が臣下の者に降嫁しようとしていた。この皇女は、皇后が産んだ皇女でもあったから、帝は、特に寵愛していた。担当官に命じて、持参する資財を、伯母の永嘉長公主の場合の倍に増加させた。これを魏徴が諫《いさ》めて言うには、「昔、漢の明帝が、皇子を封建しようとした際、『我が子を、どうして先帝の皇子と同等に処遇し得ようか。そうすべきではない』として、先帝の皇子の楚王や淮陽王の半分の領地を与えた。今、皇女の降嫁の持参資財を伯母の時の倍に増すのは、明帝の心構えに相反することになるのではないでしょうか」と。

帝は、この諫言《かんげん》をもっともだと判断し、帰宅して皇后に告げた。すると皇后は、感歎して「わたくしは、陛下が、しばしば、魏徴を称賛し重視することをお聞きしておりましたが、その理由がよく判りませんでした。今のお話を伺って、魏徴が、礼節と道義を引用して、君主の心情を抑制することを知って、今ここに彼が真に*社稷《しゃしょく》の臣であること知りました。わたくしは、陛下と結婚して夫婦となり、つぶさに有難い礼遇を頂いて参りましたけれども、物事を申しあげる時には、いつもまずお顔色をうかがい、軽がるしく陛下の御機嫌を損ねることのないよう心掛けて参りました。況《ま》して臣下で陛下とは近親ではない立場にありながら、御意向に抗《さか》らって、そのような諫言を申しあげることなど、考えも及ばないことでございます。どうぞ、陛下には、魏徴の諫言に従って頂きたく存じます」と言上した。そこで要請して*中使を派遣してもらい、*銭四百緡《びん》と*絹四百匹《ぴき》を贈与し*賞賜とするとともに、魏徴に親しく語りかけ、『あなたの正直であることは聞いておりまし

＊ **社稷の臣**
国家不可欠の臣下

＊ **中使**
表向きでない天子の使者

＊ **銭四百緡**
銭さしでつらいぬいた銭

＊ **絹四百匹**
布施の単位、二反のこと

＊ **賞賜**
功労をほめて金品を賜う

たが、今こそ、それを目《ま》のあたりに見ました。ですから賞賜したのです。あなたは、これからも常にこの心構えを変えないで欲しいと思います」と述べた。

帝が、かつて退朝した折、激怒して「必ず、この田舎翁*を殺さねばならぬ』と語った。これを聞いて皇后は、それは誰なのですかと問うと、帝は、「それは魏徴だ。あいつは、いつも朝廷で多くの臣下の面前でわたしをはずかしめる」と答えた。これを聞くと皇后は、退出して改めて朝服*に着替えて宮中に戻って来た。帝は、驚いて、その理由を尋ねた。皇后は、「わたくしは、君主が明君であると、臣下は直臣となると聞いております。今、臣下の魏徴が正直であるのは、君主たる陛下が賢明であられるからにほかなりません。わたくしどもは、何としても祝賀申しあげないわけには参りません」と答えた。これを聞いて帝は、たいへん悦ばれた。

※名君中の名君といわれた太宗皇帝をささえた賢明な皇后の内助の功を詳論した条《くだり》であるので全文を引用した。

＊ 田舎翁
礼儀を知らぬ無礼な老いぼれ

＊ 朝服
朝廷に出るときに着る服

（三十）人を以て鏡と為せば、以て得失を知るべし

所謂《いわゆる》「三鏡の戒」である。史書によっては、三鏡を三鑑と表記しているものもある。この君にしてこの臣あり、と言える。

「徴、もとより経国の才あり、性また抗直にして屈撓することなし。太宗これと言うごとに、いまだかつて悦ばずんばあらず。徴もまた知己の主に逢うを悦び、その力用を竭《つ》くす」（『貞《じょう》観政要《がんせいよう》』任賢篇）と尽己の労を惜しまなかった。良臣魏徴《ぎちょう》なくして名君太宗もなく、「貞観の治《ち》」もなかったと言っても過言ではない。知己の主に、これだけその死を哀悼されたら、魏徴も、以て瞑すべし、と言えるであろう。

鄭《てい》の文貞公《ぶんていこう》魏徴《ぎちょう》（中略）薨《こう》ず。百官の九品以上《ほんいじょう》なるに命じ、皆、喪《も》に赴《おもむ》かしめ、羽葆《うほう》・鼓吹《こすい》を給《きゅう》し、昭陵《しょうりょう》に陪葬《ばいそう》せしむ。其妻裴氏《そのつまはいし》曰はく、『徴、平生倹素《へいぜいけんそ》なり。今葬《ほうむ》るに一品《ぽん》の羽儀《うぎ》を以てするは、亡者《ぼうしゃ》の志《こころざし》に非ず』と。悉く辞《じ》して・受けず。布車《ふしゃ》を以て柩《きゅう》を載《の》せて葬る。上、苑《えん》の西楼《せいろう》に登り、望哭《ぼうこく》して

哀《あい》を尽《つく》す。上自ら碑文を製し、并《あわ》せて為《た》めに石に書《しょ》す。上、徴を思うて・已《や》まず、侍臣に謂って曰はく、『人、銅《どう》を以て鏡《かがみ》と為せば、以て衣冠《いかん》を正《ただ》す可し。古《いにしえ》を以て鏡と為せば、以て興替《こうたい》を見る可し。人《ひと》を以て鏡と為せば、以て得失《とくしつ》を知るべし。魏徴・没《ぼっ》し、朕《ちん》、一鏡を亡《うしな》へり』と。

〔大意〕

鄭の文貞公に封じられていた魏徴が*薨去《こうきょ》した。百官の九品以上の者には、喪葬の儀式に参列するよう命じ、霊柩車の壮麗なもの及び音曲を使用させ、太宗帝の墓陵に隣り合わせに陪葬させた。魏徴の妻は、「故人は、平生《へいぜい》、倹約・質素に生活してきました。それなのに、臣下の最高位の者が許される壮麗な霊柩車で葬送されますことは、故人の志と異なると存じます」と言って、悉く辞退して受けず、*布車に柩《ひつぎ》を載せて葬った。

帝は、*禁苑の西楼に登って、遠くから慟哭《どうこく》して哀悼の意を尽く

＊ 薨去
親王または三位以上の人が死ぬこと

＊ 布車
布で蔽った模様の無い質素な車

＊ 禁苑
宮中にある庭

した。帝は、自ら墓碑銘を作り、石に書いて刻《きざ》ませた。帝は、魏徴を偲んでやまず、侍臣に語っていうには、「人は、銅鏡を用いれば、衣冠を正すことができる。古の歴史を鏡とすれば、治乱興亡の過程を見ることができる。立派な人物を鏡とすれば、良いことと悪いこととを弁別することができる。魏徴が没して、わたしは、三鏡の一つを失ってしまった」と。

（三十一）上以へらく風俗奢靡なりと

庶人から天子に到るまで、人の生き方を左右するのは、欲望の制御のあり方である。刻苦勉励して、見事に制御すれば、節倹の美徳となり、制御できなければ、奢靡《しゃび》の悪徳に陥る。節倹は不断の努力を必要とするが、奢靡に溺れることは、たやすい。

唐帝国の中頃、帝位に就いた玄宗も、治世の前半には、この項のように、自ら刻苦精励して節倹に努め、善政を推し進めたが、その晩年、老いて妻を失った後、楊貴妃との愛欲に溺れ、奢靡に陥り、安禄山、史思明の大乱を招くに到る。自らは亡命を余儀なくされ、唐帝国の基盤も揺るがすこととなり、晩節を汚したのである。白楽天の名作叙事詩「長恨歌」の悲劇も、玄宗が奢靡に溺れたことが原因であった。その史実を踏まえた司馬光の論賛である。

上以《おも》へらく風俗奢靡《しゃび》なりと。（以下説明文略）

臣光曰はく、明皇《めいこう》の始《はじ》め治《ち》を為さんと欲《ほっ》するや、能く自ら刻厲《こくれい》し節倹《せっけん》なること此《かく》の如し。晩節《ばんせつ》、猶《な》ほ奢《おごり》を以て敗《やぶ》る。甚《はなは》だしきかな奢靡の以て人を溺《おぼ》らし易《やす》きや、詩に云ふ、『初め有らざる靡《な》く、克《よ》く終《おわ》り有る鮮《すくな》し』と。慎《つつし》まざる可けんや。

〔大意〕

帝（玄宗）は、風俗が奢靡《＊しゃび》になっていると考えた。（以下、詳細な説明文略）

司馬光の論賛《ろんさん》に言う。明皇（玄宗といわないのは、宋の天子の諱《いみな》を避けるため）は、帝位に即いた始め善政を推し進めようと欲して、よく自ら刻苦精励《こっくせいれい》し、節約倹素なことが、このようであった。それでもなお、その晩節は、奢侈《しゃし》のために完《まっと》うできなかったのだ。奢靡が人を溺らせ易いことは何と甚だしいことであろう。詩経（大雅《たいが》、蕩《とう》）にいう。「初め立派でないものはないが、それを終わりまで完うする者は少ない」と。よく慎まなければならないことである。

＊ 奢靡
身のほど過ぎたぜいたく

（三十二）文・武を兼ねずして聖人と称するはなし

唐代の中頃、玄宗による「開元の治」が展開されている開元十九（西紀七三一）年の事である。

この項では、司馬光の文・武両道論、聖人論が、史上の具体的人物も列挙して論じられている。極めて卓越した論賛であると言えよう。

ここに列挙されている聖人の具体例であるが、黄帝・尭・舜・禹は、古昔の伝説的な聖天子で、いわゆる三皇五帝に数えられ、湯は殷王朝の始祖とされる聖王、文・武は、周王朝を代表する聖王、そして伊尹《いいん》は、湯王を補佐して、夏の桀王を亡ぼして天下を平定した名宰相であり、周公は、周の文王の子で、兄の武王を補佐して殷の紂王を亡ぼし、周王朝を興した周公旦である。両者共に、聖人の列に加えられている。

> 初めて両京《りょうけい》諸州に令して、各々太公《おのおのたいこう》の廟《びょう》を置《お》き、張良《ちょうりょう》を以て配享《はいきょう》せしめ、古《いにしえ》の名将を選びて、以て十哲《てつ》は備《そな》へ（中略）祭を致し、孔子の礼の如くす。

臣光曰はく、天地を経緯《けいい》する、之を文《ぶん》と謂ひ、禍乱《からん》を戡定《かんてい》する、之を武《ぶ》と謂ふ。古より斯《この》二者《しゃ》を兼ねずして、而《しか》も聖人と称《しょう》するは、未《いま》だ之《こ》れ有《あ》らざるなり。故に黄帝《こうてい》・尭《ぎょう》・舜《しゅん》・禹《う》・湯《とう》・文・武・伊尹《いいん》・周公《しゅうこう》、征伐《せいばつ》の功《こう》有らざるは莫《な》し。孔子は試《もち》ひられずと雖《いえど》も、猶《な》ほ能《よ》く、莱夷《らいい》を兵《へい》し、費人《ひひと》を却《しりぞ》け、曰はく、『我戦《たたか》はば則ち克《か》たん』と。豈《あ》に孔子、文を専《もっぱ》らにし、而《しか》して太公、武を専らにせんや。孔子、学《がく》に祀《まつ》らるる所以《ゆえん》は、礼《れい》に先聖先師《せんせいせんし》有るが故《ゆえ》なり。生民《せいみん》より以来、未だ孔子の如き者有らず。豈に太公、之と抗衡《こうこう》するを得んや。古者《いにしえ》、発《はっ》する有《あ》れば則ち大司徒《たいしと》に命じ、士《し》に教ふるに車甲《しゃこう》を以てせしめ、股肱《ここう》を贏し、射御《しゃぎょ》を決《けっ》し、成《せい》を受け馘《かく》を献《けん》ずること、学に在らざるは莫し。然《しか》る所以の者は、其の礼義《れいぎ》を先《さき》にして勇力《ゆうりょく》を後《のち》にせんことを欲するなり。君子、勇有《ゆうあ》りて義無《ぎな》ければ乱《らん》を為し、小人《しょうじん》、勇有りて義無ければ盗《とう》を為す。若《も》し専ら之に訓《おし》ふるに勇力を以てし、而して之をして礼義を知らしめずんば、奚《なん》ぞ為《な》さざる所あらん。孫呉《そんご》より以降《いこう》は、皆、勇力を以て相勝《あいか》ち、狙酢《そさ》をもて相高《たか》ぶる。豈に以て聖賢《せいけん》の門《もん》に数《かぞ》へて之を武と謂ふに足らんや。乃《すなわ》ち復《ま》た誣引《ぶいん》し、以て十哲の目《もく》に偶《あ》はせ、後世《こうせい》の学者《がくしゃ》の師《し》と為す。太公をして神有《しんあ》らしめば、必ず・之と同じく食《しょく》するを羞《は》ぢん。

〔大意〕

初めて両京・諸州に命じて、おのおの太公望（周の武王の軍師）の廟を設置し、張良（漢の高祖の軍師）を配祀《はいし》し、古の名将を選んで十哲*の数をそろえ、……祭りをとり行わせ、孔子の礼のようにしたのである。

司馬光の論賛に言う。天地を治めととのえることを文と言い、兵禍戦乱を平定することを武と言う。昔からこの両者を兼備しないで聖人と称された例は、いまだに有ったことがない。ゆえに黄帝・尭・舜・禹・湯・文・武・伊尹・周公は、すべて皆、征伐の功の無い者はなかったのである。孔子は諸侯に用いられなかった

＊ 十哲
ある門下における、十人のすぐれた弟子

けれども、それでもなお夾谷《きょうこく》の会で萊夷《らいい》に兵をさしむけようとし、費の人を平らげて、「わたしが戦えば、必ず勝ってみせる」とも言った。どうして孔子はもっぱら文、太公望はもっぱら武などと言えようか。孔子が学校に祀られるわけは、礼のきまりに先聖（孔子）・先師（顔回）があるからである。（『礼記《らいき》』に依る）人民が生まれて以来、まだ孔子のような聖人は出現していない。太公望などがどうしてこれと肩を並べることができようか。

昔、軍事を発動する場合には、大司徒*に命じて、戦士に兵車・甲冑の取り扱いを教育し、また手足の衣をからげ、射*御*を訓練して勇力を付け、他に、兵謀を定め、戦果を献ずること等、みな、学校において教育した。そのようにした理由は、礼義を優先し勇力を二の次にしようとしたからである。「君子にして勇があって義がないと、叛乱《はんらん》をなす憂いがある。小人が、勇あって義のない場合は、盗賊を働くようになるであろう。勇も大切であるが、その勇を裁制する義が一層大切である」（『論語』陽貨篇の語）。もしも、これに勇力を教えるだけで、これに礼義を教えないと、どん

＊大司徒
国の教育の責任者
＊射
弓を射ること
＊御
馬を御すること

なことでも無思慮《むしりょ》にするようになってしまう。兵法の祖師、孫子や呉子より以降は、皆、勇力で勝敗を決し、権謀術数を得意とした。どうしてこれを聖賢の門に列《つら》ねて武という資格があろう。それを更にまた偽って無理に十哲の名に合わせ、後の世の学問を志す者を師とした。もしも太公に神霊があるとすれば、さぞかし、孔子と同じように祀られることを恥じるに相違ない。

（三十三）人を用ふるには、惟だ賢不肖を察す

古来、政治の要諦の一つとして、賢人を登用して、帝王の股肱《ここう》の臣としてその才徳を発揮させることが挙げられてきた。世の賢人を皆、帝王の下に集め、「野《や》に遺賢《いけん》無からしむ」『書経』（大禹謨）ことを理想と考えてきたのである。

ところが、この「賢不肖を察す」ることが極めて難しい。その方法として、昔の宰相は衆目に依拠したという。『大学』にも「十目の視《み》る所、十手の指す所其れ厳《げん》なるかな」という曾子の言葉を載せている。（大意）おおぜいの人の見たり、指さしたりするところに間違いはない。世の耳目は欺くことはできない厳粛なものである。この項の司馬光の論賛も亦、この観点に立って、あとは、その人物の実績を考察すれば、間違いないとしている。

上嘗《じょうかつ》て祐甫《ゆうほ》に謂《い》つて曰はく、『人或《ひとある》いは卿《けい》を謗《そし》る、用《もち》ふる所《ところ》多《おお》く親故《しんこ》に渉《わた》ると。何《なん》ぞや』と、対《こた》へて曰はく、『臣、陛下の為めに百官《かん》を選択《せんたく》し、敢《あえ》て詳慎《しょうしん》せずんばあらず。苟《いやし》くも平生未《へいぜいいま》だ之を識《し》らずんば、何を以て其才行《さいこう》を諳《そらん》じて之を用ひ

ん』と。上、以《もっ》て然《しか》りと為《な》す。

臣光曰はく、臣聞く、人を用ふるには、親疎《しんそ》新故《しんこ》の殊《こと》なる無く、惟《た》だ賢不肖《けんふしょう》を之《こ》れ察《さつ》するを為すと。其人《ひと》未だ必ずしも賢ならざるに、親故を以てして之を取《と》るは、固《もと》より公《こう》に非ざるなり。苟《まこと》に賢なるに、親故を以てして之を捨つるも、亦、公に非ざるなり。夫れ天下の賢は、固より一人《にん》の能《よ》く尽《つく》す所に非ざるなり。若《も》し必ず、素《もと》識《し》り其才行を熟するを待ちて而して之を用ふれば、遺《のこ》す所亦《ところまた》多し。古の・相《しょう》たる者は則ち然らず。之を挙《あ》ぐるに衆を以てし、之を取るに公を以てす、衆『賢なり』と曰はば、己《おのれ》、其詳《そのしょう》を知らずと雖も、姑《しばら》く之を用ひ、其の功無きを待ちて、然る後之を退《しりぞ》け、功有れば則ち之を進《すす》む。挙ぐる所其人を得れば則ち之を賞《しょう》し、其人に非ざれば則ち之を罰《ばっ》す。進退賞罰、皆、衆人の共に然りとする所なり。己《おのれ》、豪髪《ごうはつ》の私《わたくし》を其間《そのかん》に置かず。苟に是心《このこころ》を推《お》して以て之を行《おこな》はば、又何ぞ賢を遺《わす》れ官を曠《むな》しくするの病《や》むに足《た》らんや。

〔大意〕

帝（徳宗*）は、かつて崔祐甫《さいゆうほ》に言った。「登用する人物が多く親故に渉《わた》っていると、卿を謗《そし》る者もあるが、どうなのか」と。これに答えて「臣は陛下の為に百官を選びます際に、もし平生から知っている者でなくては、どうしてその才行を暗記していて登用することなどできるでしょうか」と言った。帝は、その答えをもっともだとした。

司馬光の論替に言う。わたくしが聞き知っておりますのは、人材の登用に当たっては近親か疎遠か、新しいか旧《ふる》いかなど間柄の違いによってではなく、ただ、その人物の賢明であるかどうかを考察すればよいと。必ずしも賢明とはいえない人物を、昔から親しい間柄だからといって選ぶのは、もとより公平ではない。まことに賢明であるのに、昔から親しい間柄だからといって選ばないのも公平ではない。そもそも天下の賢才は、もとより一人で蔽《おお》い尽くせるものではない。けれども、もしどうしても、平素からその人を識《し》り、その才行を熟知してからでないと、これを登用でき

＊徳宗（七四二―八〇五年）中国、唐の第九代皇帝（在位七七九―八〇五年）。租庸調制にかえて両税法を施行し、中国の税制史上に一大変革をもたらした。

ないとなると、取り残して登用できない人物も多くなってしまう。

昔の宰相たる者は、これとは異なり、人材の登用には衆知により公平なることを期したのである。民衆が賢であるといえば、自分が詳しく知らない人物でも、しばらくこれを用い、功績が無いと判れば、その後でこれを退け、功績が有れば、そのまま登用した。適材を推薦した者は、賞し、適材でなければこれを罰した。こうして進退・賞罰とも、みな、民衆共通に認めるところに従った。その間、自分の私見は全くさし挟むことはなかった。まことにこのような心構えで人材登用に当たれば、賢人を登用し損なって、人材不足をきたす心配はないのである。

おわりにかえて

結びとして、『資治通鑑』の著者・司馬光の人となりについて諸書の伝える所を辿《たど》ってみたい。

まず、南宋の大儒朱熹《しゅき》（朱子）の宰相学の名著『宋名臣言行録』では、司馬光を宋代の士風を代表する謹厳無比な人物として紹介し、さまざまの論評を残している。その中のいくつかを拾ってみよう。

「成童より凛《りん》として成人のごとし」

司馬光は、子どものころからりりしく大人の風格があった。七歳の時『左氏春秋《さししゅんじゅう》』の講話を聞いて、たいへん魅力を感じ、帰宅して家人に講義したが、だいたいの意味は理解していた。以後、書物に親しみ、年十五の時には、たいていの古典に通暁《つうぎょう》するようになっていた。またその文章は、純粋で深く、漢代古文の趣があった。

「書は誦をなさざるべからず」

幼少のころの司馬光は、暗誦が不得手で、いつも気に病んで暗誦に努力を重ねた。やはりそれだけのことはあった。念を入れて暗誦したものは、一生忘れることはないと司馬光は述懐している。

「祖宗の法は変ずべからず」

政敵の王安石《おうあんせき》が政権を握り、青苗法《せいびょう》、均輸法等の新法を公布し、担当官を各地に派遣した。この改革に反対して司馬光は、帝に対しその利害得失を論じたうえで、「やがて、わたくしの予測したとおりになりましょう」と断言した。新法が実施されて十年ばかり経つと、やはり司馬光の予想した言葉どおりにならなかったことはなかった。この話が天下に伝わって、司馬光こそ真の宰相であるという評判が高まった。

「慮《おもんぱか》ること深ければ迂に近し」

あるとき帝は、晦叔を呼んで不満をもらした。「司馬光は、きちんとして正しい人物だが、あの迂闊《うかつ》さは何とかならぬものか」

これに対して晦叔は、「聖人孔子や賢人孟子でさえ、時に迂なり迂闊なりと評されました。ましてや司馬光がそのように言われるのは免れません。だいたい、事に対処するのに深謀遠慮を以てすれば、たいてい迂闊と感じられるものです。陛下におかれましては、どうぞこの点を御覧察ください」と答えた。

因みに、司馬光は、自ら「迂叟《うそう》」（世事にうとい老人の意）と号し、『迂書』という著書もあることを付け加えておきたい。先刻、自覚していたのみならず、むしろ迂であることを誇っていたのではあるまいか。

このほか『宋史』の司馬光伝などに依って司馬光の人物像を追ってみよう。

「光、字《あざな》は君実《くんじつ》。幼にして気象凜然（こころだてがりりしく）として成人の風あり。群児と庭に嬉戯《きぎ》し、一児甕《かめ》に登り、足跌《てつ》（足を踏みはずして）して水中に没《ぼっ》するや、光が石を把《と》って甕を撃ち破り、児を救ひたるは、現に人口に膾炙《かいしゃ》する話柄《わへい》（人びとの皆よく知っている話）たり」

仁宗《じんそう》の宝元元年、二十歳の時、進士甲科に及第し、諸官を遍歴した後、英宗の時、龍図閣学士と為り、神宗が即位するに及んで、翰林学士（天子の詔勅をつかさどる役職）に抜擢《ばってき》された。しかも以前からの侍講諫院も兼務していた。光の人と為りは、忠信正直で、しばしば上疏《じょうそ》して時務を論じ、朝政を補佐することが多かった。神宗が王安石を用いて新法を施行した際、司馬光は、新法に反対し、安石を論難した。結局は、自ら請うて政局の中心から身を引き、判西京御史台の閑職に就き、首都の汴京《べんけい》を離れ、洛陽に赴任して十五年、口をとざして時事を語らず、従来からの『通鑑』の著述に没頭したのである。司馬光と王安石は、それぞれ、旧法党・新法党を代表して政策の上では、激しく対立したが、人物としては、相互に推重《すいちょう》する関係が垣間見られる。やはり、人物は人物を知るというところであろうか。

こうして司馬光の声望は、日に日に高まり、天下の人びとは、この人こそ真の宰相と称え、庶民まで、司馬相公と言ったという。神宗崩御、その葬礼に列するため、都に帰ると、人びとは、洛陽に帰らないで首都に留まり、新しい天子を補佐して政局に当たってほしいと願い、世論となって沸き起こった。

次の帝の哲宗は、まだ幼少であったので、太皇太后が摂政し、司馬光を登用して宰相（門下侍郎）に任じて国政を担当させ、重く信頼し寄託した。司馬光は、王安石の新法を悉《ことごと》く廃止し、鋭意、政治に没頭した。しかし既に齢六十八の司馬光は、宰相の激務と老病のため、在職わずか八カ月にして薨去《こうきょ》した。太后は慟哭《どうこく》してやまず、帝と共に喪に臨席し、「太師温国公」の位を贈り、諡《おくりな》として「文正」を賜った。そこで後世の人びとは、司馬温公と尊称するようになった。なお、王安石もまた、この年の四月に亡くなったばかりであった。時に天下の人びとは、挙《こぞ》って哀悼の意を表し、首都の人びとは、市場を取り止め、辺境の嶺南の父老も、相次いで葬祭したといわれる。このほか、司馬光の人望を示す逸話が多く伝わっている。

平成三十年六月吉日

荒井　桂

〈著者略歴〉

荒井桂（あらい・かつら）

昭和10年埼玉県生まれ。33年、東京教育大学文学部東洋史学専攻を卒業。以来40年間、埼玉県で高校教育・教育行政に従事。平成5年から10年まで埼玉県教育長を務める。在任中、国の教育課程審議会委員ならびに経済審議会特別委員等を歴任。16年6月より公益財団法人郷学研修所・安岡正篤記念館副理事長兼所長。安岡教学を次世代に伝える活動に従事。著書に『安岡正篤「光明蔵」を読む』『山鹿素行「中朝事実」を読む』『「小學」を読む』（いずれも致知出版社）などがある。

「資治通鑑《しぢつがん》」の名言に学ぶ

平成三十年六月二十五日第一刷発行

著者　荒井　桂

発行者　藤尾秀昭

発行所　致知出版社

〒150-0001東京都渋谷区神宮前四の二十四の九

TEL（〇三）三七九六―二一一一

印刷　㈱ディグ　製本　難波製本

落丁・乱丁はお取替え致します。　（検印廃止）

ISBN978-4-8009-1179-7 C0095

ホームページ　http://www.chichi.co.jp

Eメール　books@chichi.co.jp